필연적
부자

필연적 부자

이재호 지음

주얼리 업계 황금손
이재호 회장의 성공철학

"자네, 왜 사는가?"

이제껏 면접을 봤던 젊은 친구들이나 일을 하면서 만났던 사람들에게 항상 물어보았던 질문이다. 시험지의 정답을 알고 있다는 식의 오만함을 표현하고자 함도 아니고 나의 생각을 강요하기 위해서도 아니었다.

소위 '번아웃증후군'이라는 말이 있을 정도로 정신없이, 그리고 엄청나게 오랫동안 일을 하면서도 주변에서 일을 통해 행복을 느끼는 사람을 거의 보지 못했다. 나는 그것이 정말 안타까웠다. 사람들은 일을 하는 이유에 대해 '부자가 되기 위해서'라든지, '행복해지기 위해서'라고 대답을 하면서도 정작 그 방법에 대해서는 깊게 고민해보지 않은 것 같다.

흔히 "돈을 벌기 위해 일한다"라고 표현을 하는데, 과연 맞는 말일까? 아마 대부분의 사람들이 그렇다고 대답할 것이다. 미안하지만 일을 하는 이유가 '돈'이라면 부자가 될 수도, 행복해질 수도 없다. 행복을 살 수 있을 만한 돈의 액수에 적당한 기준이 있다는 말도 못 들어봤다. 모든 사람이 돈을 벌기 위해 혈안이 되어 있지만, 정작 당신에게 돈을 주기 위해서 기다리고 있는 사람은 한 명도 없는 것이 현실이다.

이 세상에는 단지 여러분이 가지고 있는 능력을 자신들에게 써주기를 바라는 사람들만 있을 뿐이다. 이 점이 중요하다. 당신의 도움을 기다리고 있는 사람은 이 세상에 너무나도 많다. 그들을 제대로 만날 수만 있다면(물리적인 만남이 아니다), 그들에게 도움을 줄 수만 있다면 게임은 끝난 것이다.

나는 돈을 벌기 위해서는 '어떻게 하면 돈을 벌 수 있을까' 하는 생각은 아예 잊어버리라고 말하고 싶다. 대신 나의 재능을 필요로 하는 사람이 누구인지, 그 올바른 대상을 찾아서 그들이 나를 마음껏 활용할 수 있도록 하는 것이다. 그리고 그들이 행복감을 느낄 수 있도록 내가 가진 모든 재능을 다 쏟아부어 도와주면 된다.

대부분의 사람들은 일하는 마음가짐이 비슷하다. 그러니 경쟁자가 엄청 많을 수밖에 없다. 똑같은 눈높이에서만 생각하는 사람들이 주변에 우글거리기 때문이다. 그러니 이보다 한 단계 더 높은 상태에서 생각할 수만 있다면 그 경쟁에서 우위를 확보하게 된다.

바로 타인에게 도움이 되는 삶을 사는 것이다. 스스로가 가치 있게 쓰일 수 있도록 노력하다 보면 자신도 모르게 일하는 능력이 진일보하게 된다. 상대방이 나를 활용하는 시간이 차츰 많아지다 보면 부산물인 부와 명예도 자연스럽게 생긴다. 무엇보다 여러분의 능력이 상대에게 도움이 되어 그들이 행복감을 느끼고, 또 그들의 행복감을 여러분이 느낄 수 있다면 일하는 즐거움이 배가된다.

꿈과 야망, 높은 지위, 많은 돈, 이 가운데 당신은 무엇을 바라는가?

내가 바랐던 것은 나를 필요로 하는 사람들에게 '어떻게 값지게 활용될 수 있을까?' 하는 질문에 대한 해답을 찾는 것이었다. 그 해답을 찾은 후 사람들을 즐겁게 해줄 수 있어서 행복했고, 값지게 활용되므로 자존감이 높아졌으며, 궁극적으로 더 큰 꿈을 꿀 수 있게 되었다.

나는 이제껏 아무런 도움이 되지 않는 사람이 돈을 벌고 가치가 높아지는 것을 본 적이 없다. "나는 그렇지 않았다"라고 말하는 사람이 있다면 일을 하고 돈을 버는 동안 상대에게 도움이 되고 있었다는 사실을 스스로 몰랐을 뿐이다.

인생을 살다 보면 여러 상황에 맞닥뜨리고 다양한 일을 경험하게 된다. 또한 새로운 모험을 하게 되기도 한다. 그때마다 자신에게 이런 질문을 해보길 바란다.

"나는 이익을 좇는 사람인가, 상대방에게 이익이 되고자 하는 사람인가?"

"나는 상대방에게 도움이 될 수 있는 능력을 가지고 있는가?"

이것이 내가 살면서 경험한 것의 전부다. 이것을 통해 현재의 위치에 이르렀고, 많은 부를 쌓았다. 그 상세한 내용이 이 책에 담겨 있다.

이 책을 통해 많은 사람들이 돈을 벌기 위한 삶에서 누군가에게 도움이 되는 삶으로 나아가기를 바란다. 그래서 내가 그랬듯 그 삶이 가져다주는 달콤한 열매를 맛보기 바란다. 열정을 가지고 삶의 매 순간을 진지하게 임하려는 모든 이들을 응원한다.

마지막으로 내 가치관이 많은 사람들에게 전해지고 확산될 수 있도록 노력을 아끼지 않은 사위 김태형에게 감사의 뜻을 전한다.

이재호

차례

1장   불광불급 – 미치지 않으면 미치지 못한다

4장 돈을 끌어들이는 삶의 법칙

불광불급 ―
미치지 않으면
미치지 못한다

나를 필요로 하는 사람이 누구인지, 어떤 범주의 사람들에게 내가 가진 능력을 최대한 발휘하여 도움을 줄 수 있을지에 대한 고민을 많이 했다. 모든 가능성을 열어두고 누군가에게 도움이 되는 일을 할 수 있으려면 내가 직접 능력을 키워야 한다는 것을 숙명같이 느끼고 있었다. 내가 원하는 것은 단 하나, 체인 만드는 방법을 알아내는 것뿐이었다.

세상에서 가장 아름다운
목걸이를 만들거야

"이제 집으로 돌아가자."

1986년 1월 어느 날 아침, 나는 유난히 들떠 있었다. 해외는 처음인지라, 지내는 한 달 내내 모든 것이 낯설었다. 입고 먹고 보는 게 온통 새로웠다. 무엇보다 내가 이탈리아로 날아온 단 하나의 이유인 최신 기계들을 직접 보고 작동법까지 배우고 난 뒤였다. 일주일 정도로 예상한 스케줄은 하루 이틀 미뤄지다가 결국 한 달이나 걸렸다. 당연히 다시 한국으로 돌아간다는 사실만으로도 기분이 좋을 수밖에 없었다. 더군다나 나는 이미 한국으로 보낼 기계도 주문을 해놓은 상태였다. 이제 돌아가서 고객들을 행복하게 해줄 제품을 만드는 일만 남았으니, 이보다 더 기분 좋은 일이 어디 있겠는가.

나는 그저 고객들이 이 세상에서 최고로 멋진 제품을 착용하고 즐거워하는 모습을 보고 싶었다. 이탈리아에 머문 시간은 불과 한 달 남짓이지만 기분은 몇 년이나 흐른 듯했다. 그만큼 나는 목말라 있었다. 이제 돌아가기만 하면 내가 만든 예쁜 제품들을 고객들에게 선물할 수 있으리라는 확신이 들었고, 고객들이 행복해하는 모습을 상상만 해도 날아갈 듯 기분이 좋았다.

날씨는 이탈리아 공항에 처음 내렸을 때와 별반 다르지 않았다. 하지만 다시 한국으로 돌아갈 때 느껴지는 공기는 사뭇 달랐다. 한 달을 지내면서 내가 만난 사람이라고는 공장에서 일하는 직원들이 전부였다. 그러나 이제는 사람들의 표정을 느긋하게 바라보면서 어떤 사연으로 공항에 와 있는지 궁금해하기도 할 만큼 나는 여유로웠다. 그 순간, 목걸이를 만들기 위해 고생했던 지난 시간들이 영화 속 장면처럼 스쳐 지나갔다.

"절대 안 됩니다."
"아니, 이보시오, 내가 하는 말을 좀 들어보기나 하시오."
벌써 사흘째였다.

세상에서 최고로 예쁜 목걸이를 만들겠다고 마음먹은 순간부터 나는 온통 그 방법을 알아내야겠다는 생각뿐이었다. 사람들이 내가 만든 목걸이를 걸고 거울 앞에서 행복한 미소를 지었으면 좋겠다는 생각이 나의 모든 것을 지배하고 있었다. 정말 세상에서 가장 예쁜 목걸이를 만들고 싶다는 생각만 가득했다.

그런데 문제는 목걸이 만드는 것을 한 번도 본 적이 없고, 어디서 만드는지조차 알지 못한다는 것이었다. 도대체 어떻게 해야 하나. 요즘처럼 인터넷에서 클릭 한 번으로 원하는 모든 정보를 찾는 세상이 아니었다. 과연 아무것도 모르는 내가 그런 제품을 만들어낼 수 있을까? 그것조차 확신할 수 없었다.

'어디서부터 시작해야 할까?' 하고 고민하는 것만으로도 며칠이 후딱 지나갔다. 그러다 문득 금방을 할 때 목걸이를 팔러온 직원이 생각났다. 그 영업사원이 지나갈 때를 기다렸다가 매장 근처에서 볼일을 보는 그를 불러서 물었다.

"자네, 목걸이를 어디서 사는가?"

"그건 왜 물으시는데요?"

"어디서 목걸이를 만드는지 내가 꼭 알아야 해서 그러네."

"도매상을 말씀하시는 거면 아마, 서울 어디쯤에 있는 공장에서 물건을 받는다고 들었습니다."

먼저 목걸이를 만드는 공장을 찾는 것이 첫 번째 미션이라고 생각했다. 공장을 찾아가서 만드는 방법을 배우리라.

영업사원이 다시 기억을 더듬어서 목걸이 체인을 만든다고 알려준 곳은 서울의 방배동이라는 동네였다. 당장 올라가야겠다고 마음먹고, 이튿날 새벽 일찍 짐을 싸서 부산에서 서울 방배동으로 올라갔다. 지금도 그렇지만, 옳다고 생각하는 일은 이것저

것 계산하지 않고 바로 실천하는 것이 내 성격이다.

쪽지에 적힌 주소만 가지고 알지도 못하는 길을 헤매며 힘들게 도착했다. 직원 네 명이 근무하던 그곳은 자그마한 기계를 10여 대 두고 가내수공업으로 체인을 만들고 있는 소규모 공장이었다. 처음 서울로 올라갈 때만 하더라도 금을 기계에 집어넣으면 목걸이가 뚝딱 하고 만들어지는 줄 알았다. 그도 그럴 것이 기계 체인은 한 번도 본 적이 없었고, 내가 알고 있는 목걸이 만드는 방법이라곤 수작업밖에 없었기 때문이다.

그런데 막상 방배동에 가서 보니 내가 생각한 것과는 전혀 달랐다. 듣도 보도 못한 이상한 기계들이 요란한 소리를 내면서 돌아가고 있었는데, 그 광경이 마냥 신기했다. 또한 직원들이 기계를 작동시키느라 분주히 움직이며 일하는 모습은 내 호기심을 자극하기에 충분했다. 이제껏 제조 과정은 전혀 모르는 상태에서 목걸이를 사다 팔기만 했지, 만들어지는 공정을 깊이 생각해본 적은 한 번도 없었다. 그러다 보니 처음 보는 체인 기계가 신기했고, 바깥에서 잠시 구경하는 순간에도 그곳은 신세계일 수밖에 없었다.

얼핏 봐도 20여 공정을 거쳐서 제품이 만들어지고 있었다. 생각보다 많은 기계들을 거치며 기술자들의 손을 통해 제품이 탄생되는 것을 볼 수 있었다.

'하아, 이거 너무 쉽게만 생각했나 보다. 내가 이걸 만들 수

있을까?'

배우겠다는 의지가 충만한 상태로 호기롭게 서울로 올라왔지만, 제품을 만드는 공정을 보면서 오히려 겁이 덜컥 났고 금세 주눅이 들었다. 생각보다 간단한 일이 아니라는 것을 알게 된 것이다. 하지만 그곳에서 기술을 배우지 못한다면 내 꿈을 이루지 못할 것만 같았다. 무슨 일이 있어도 그곳 사장님을 설득해 일을 배워야겠다는 강력한 의지가 생겼다.

"계십니까?"

"누구시오?"

어떻게 이야기를 해야 할까? 오랫동안 알고 지낸 영업사원에게 목걸이를 어디서 살 수 있는지 물어보는 것도 어려웠는데, 처음 보는 사람한테 체인 만드는 기술을 배우러 왔다고 말하기는 훨씬 더한 일이었다.

나는 최대한 조심스럽게 이야기를 꺼냈다.

"사장님, 저는 부산에 살고 있는 이재호라는 사람입니다. 사장님한테 체인 만드는 기술을 배우러 이곳까지 왔습니다. 좀 가르쳐주시면……."

"기술을 가르쳐달라? 별 정신 나간 소리를 다 듣겠네."

"아니, 잠깐만 제 말을 좀 들어보십시오."

"말도 안 되는 소리 하지 말고 가시오. 절대 안 됩니다."

뭘 하는 사람인지, 왜 배우러 왔는지 설명할 시간조차 없었

다. 들을 필요도 없다고 하며 그는 뒤도 보지 않고 돌아서서 가
버렸다. 사실 그냥 가버렸으면 그나마 다행이었을 것이다. 나는
온갖 욕지거리를 듣고 끌려나가다시피 공장에서 쫓겨났다. 당연
한 일이라고 생각했다. 그때는 일하는 직원에게도 기술을 함부
로 가르쳐주던 시절이 아니었다. 그러니 갑자기 찾아온 낯선 사
람에게 기술을 가르쳐준다는 것은 상상도 못할 일이었다.

뺨 맞을 각오로
공장을 찾아가다

　　　　　　　　다음 날 좀 더 일찍 찾아가보려면 일
단 쉬어야겠다는 생각으로 숙소를 찾았다. 배가 고팠다. 아침부
터 서둘러 출발해 지금껏 한 끼도 못 먹은 게 그제야 생각났다.
하지만 걱정스러운 마음에 식사를 하는 둥 마는 둥 하고 일찌감
치 잠자리에 들었다.

　'내일도 욕을 먹고 쫓겨나겠지. 아니면 뺨을 맞을지도 몰라.'

　그런데 온갖 욕이란 욕은 다 먹은 첫째 날과는 분위기가 또
달랐다. 이튿날 아침 일찍 찾아간 공장에서는 사장뿐 아니라 직
원들까지 나를 거들떠보지도 않았다. 하루 종일 말을 걸어보려
고 기웃거리는 나를 보면서도 아예 없는 사람 취급을 했다. 하지
만 나의 열정에 비하면 그깟 대접은 아무것도 아니었다. 나는 이

곳에 발을 들인 첫날부터 이미, 이 공장에서 제품을 만드는 법을 배우고 있는 나 자신을 상상했다. '시간문제일 뿐이지 나는 분명히 여기서 배운다.' 이 생각만 하며 강한 집념을 불태웠다.

아이러니하게도 혼자서 공장을 구경하는 시간이 오히려 나에게는 도움이 되었다. 이틀에 걸쳐 관찰하면서 공장에 무엇이 필요한지 꼼꼼히 체크할 수 있었다. 그러면서 사장을 설득할 방법을 고민하다 보니 어떻게 시간이 지나갔는지 모를 정도로 또 하루가 금방 지나갔다.

3일째 되는 날, 나는 공장 사장에게 며칠간 보면서 느낀 점을 이야기했다.

"쫓겨날 걸 예상 못한 게 아닙니다. 나는 아마 내일도 오고 모레도 올 겁니다. 하지만 시간이 갈수록 김 사장님이나 저나 손해를 본다고 생각합니다."

나는 말을 이어갔다.

"제 말을 들어서 손해나는 것이 있다면, 오늘 하루 중 고작 30분 정도의 시간이 전부일 겁니다. 제 말을 다 듣고 나서도 아까운 시간을 낭비했다는 생각이 드신다면, 김 사장님이 내쫓기 전에 제가 먼저 일어서서 나가겠습니다. 그러니 저를 밀어내지만 말고, 사장님도 살고 저도 살 수 있는 방안을 제시할 테니 제 이야기를 끝까지 들어나 주십시오."

체인 만드는 기술을 배울 방법은 이 길밖에 없다는 생각이 들었고, 그러니 단 한 번의 기회로 상대방의 구미가 당길 만한 제안을 해야만 했다. 이틀 동안 내가 관찰해본 바에 의하면, 그 공장에서는 아주 적은 양의 금으로 그다지 많지 않은 제품을 생산하고 있었다.

"지금 당장 금이 없어서 체인을 만들고 싶어도 원하는 만큼 다 못 만들고 있는 것 같으니, 사장님이 원하는 제품을 뭐든지 만들어볼 수 있게 금을 제공하겠습니다. 그리고 나는 지난 2년 동안 고금 사업을 했기 때문에 여기서 생산되는 제품을 판매할 대책이 있습니다. 부산 전역으로 내 거래처가 수백 군데이고, 영업사원도 일곱 명이나 있습니다. 그러니 만들어진 제품은 나와 내 영업사원들이 책임지고 팔아줄 겁니다. 또한 기간이 얼마나 걸릴지 모르지만 제가 기술을 배우고 난 다음에는 그동안의 제 거래처들도 사장님의 거래처가 될 테니 절대로 손해 보는 일이 아닐 겁니다. 마지막으로 제일 중요한 이익에 대해 말하자면, 체인을 팔아서 생기는 수익은 전부 김 사장님이 갖도록 하세요."

공장도 살릴 수 있고 나도 체인 만드는 방법을 배울 수 있는 조건을 제시한 것이다. 그 당시 나는 '타인에게 도움이 되는 삶을 살겠다'는 가치관이 확립돼 있었다. 그래서 나를 필요로 하는 사람이 누구인지, 어떤 범주의 사람들에게 내가 가진 능력을 최대한 발휘해 도움을 줄 수 있을지에 대한 고민을 많이 했다. 모든 가능성을 열어두고, 누군가에게 도움이 되는 일을 하려면 내가 직접 능력을 키워야 한다는 것을 숙명같이 느끼고 있었다. 내가 원하는 것은 단 하나, 체인 만드는 방법을 알아내는 것뿐이었다.

'내가 금을 대고 당신은 만들기만 하면 된다. 나머지는 내가 책임질 것이고 이익은 전부 당신이 가져라.' 거절하기 어려운 조건이었다. 아마 사장도 그날만큼은 쉽사리 잠들지 못했을 것이다.

다음 날 아침 일찍 또다시 공장에 찾아갔다.

"고민해보셨습니까? 저를 받아주시겠습니까?"

잠시 동안의 머뭇거림은 긍정의 표현이었다.

"해봅시다."

드디어 합의가 되었다. 서울에 올라간 지 나흘째 되는 날 아침이었다. 공장 앞에 있는 큰 은행나무가 마침 불어온 바람에 나부꼈다. 바람은 시원했고 은행잎이 흔들리는 소리도 상쾌했다.

기술을 배우기 위한 투자라고는 하지만 처음 만난 사람에게 금을 대준다는 것은 사실 상당히 위험한 결정이었다. 내가 금을 대주고 그 사람이 처음 계획한 대로 나와 약속한 것을 다 지켜주면 손해 볼 일이 없다. 하지만 만일에 대준 금을 팔아먹고는 모르는 일이라며 발뺌을 한다면 포기하고 돌아올 수밖에 없었다. 계약서를 쓴 것도 아니고, 무슨 증빙자료가 있는 것도 아니었기 때문이다.

그렇지만 나는 어떤 희생이라도 치를 각오가 되어 있었다. 여기서 기술을 배워야 세상에서 가장 아름다운 제품을 만들겠다는 내 희망의 첫걸음을 뗄 수 있을 것 같았기 때문이다. 살아가는 동안 내가 감당해야 할 책임과 짐이 있다고 생각했고, 내가 아니면 안 된다는 사명감도 있었다. 그래서 '이익을 다 가지라'는 정도의 도저히 거절하지 못할 제안을 했던 것이다.

이익을 포기한 것을 아까워할 틈도 없이 나는 체인 만드는 기술을 배울 수 있는 기회가 생긴 것이 너무나 즐거웠다. '드디어 사람들을 행복하게 해줄 준비가 됐다.' 그 사실이 나를 너무나도 들뜨게 했다. 일분일초가 아까웠다. 나는 그 즉시 부산으로 내려가서 충분한 양의 금을 가지고 올라왔다.

"자, 이것으로 제품을 만들어봅시다. 제품이 만들어지면 그 즉시 제 거래처에 팔도록 하겠습니다."

그날부터 나는 한 식구가 되었다. 아침부터 저녁까지 모든 공정을 보고 싶은 열망에 공장 바로 옆에 작은 방(요즘으로 치면 고시원 정도의 조그만 방)을 하나 얻어 생활을 시작했다. 누워서 몸을 한 바퀴 돌리면 반대쪽 벽에 부딪히는 작은 방이었지만 불만은 전혀 없었다.

새벽 6시만 되면 일어나서 공장 주변을 청소하고 기계를 다 닦아놓은 다음 직원들이 출근하기를 기다렸다. 그들에게 커피도 한 잔씩 타주고 함께 마시면서 그렇게 하루하루를 시작했다. 그렇다고 해서 직원들이 기술을 하나씩 자세히 알려주는 것은 아니었고, 옆에서 제품이 만들어지는 공정을 빠짐없이 보는 정도에 불과했다. 하지만 그것만으로도 좋았다.

누구나 남들보다 수월하게 하는 일이 있다. 유난히 숫자를 잘 기억한다든지, 춤을 잘 춘다든지 하는 타고난 재능이 있다. 나는 어릴 때부터 기계의 원리를 깨우치는 데 능하고 기계적 알고리즘을 이해하는 능력도 남들보다 뛰어났다. 게다가 손재주도 좋아서 동네 친구들에게 연이나 썰매 등을 만들어주는 것은 예삿일이었다. 시계방에서 일을 시작한 첫날에는 사장님이 벽걸이 시계를 조립하는 것을 보기만 했는데도 어렵지 않게 시계를 조립할 수 있었다.

그래서인지 체인 기계의 작동법을 배우고 목걸이 만드는 원리를 체득하는 것도 그다지 어렵지 않게 느껴졌고 시간도 오래 걸리지 않았다. 서울에 올라온 지 3개월 만에 이론적으로는 거의 다 이해를 했고 어떤 기계들이 필요한지도 알게 되었다.

나는 사장에게 물어가며 기본적인 기계들을 주문하기 시작했다. 6개월 정도 지나서는 주문한 기계들을 거의 다 부산으로 보내는 등 서울 생활이 어느 정도 정리가 되었다.

그런데 부산으로 내려간다는 결정을 하고 나니 걱정거리가 생겼다. 그동안 나를 통해서 제품을 판매했던 터라 내가 빠져나오면 공장이 문을 닫을 것만 같았다. 필요한 것을 얻었다고 해서 공장이 어려움에 빠지게 놔둘 수는 없는 일이었다. 나로 인해 누군가가 피해를 보는 일만큼은 없어야 했다. 나는 공장 사장을 어떻게 도울 수 있을지 고민하다가, 당시 옥돌에 18K와 14K를 접목해 만든 목걸이나 반지 등을 전국적으로 판매하고 있는 지인에게 제안을 했다. 그들이 함께 일한다면 둘 다 윈윈Win-Win할 수 있을 것 같았다.

"박 사장, 앞으로 목걸이 시장이 커질 것이오. 그래서 말인데, 내가 소개하는 사람과 일을 같이 해보는 게 어때요?"

거래처가 부산에만 한정된 나와 달리 박 사장의 거래처는 전국에 퍼져 있었으니 두 사람은 서로 좋은 관계가 될 수 있을 것 같았다. 그렇게 나는 두 사람을 주선해주었고, 얼마 후 그들은 고려체인이라는 이름의 회사로 체인을 생산하게 되었다.

뜻하지 않은 곳에서
길이 열리다

서울 생활을 정리하고 부산으로 내려
갈 즈음이었다. 방배동 공장의 핵심 기술자가 두 명이었는데, 새
로운 직원이 들어오면서 그들 중 한 명이 그만두게 되었다. 나는
당장 김 사장에게 물어보았다.

"김 사장님, 제가 저 친구를 데려가서 함께 일해도 될까요?"

"뭐, 그러시죠."

그렇게 기술자 한 명이 나와 함께 부산으로 내려와서 일을
하기 시작했고, 이후 그는 리골드 1호 직원이 되었다. 나는 부산
에 공장을 마련하고 기계를 조작할 수 있는 직원 두 명과 보조
직원 두 명, 그렇게 네 명을 채용해 처음으로 체인 만드는 일을
시작했다.

'드디어 나도 제품을 만들 수 있게 됐어!'

하지만 기쁨도 잠시, 곁에서 보던 것과 내가 직접 하는 것은 역시 차이가 많았다. 방배동 공장의 제품도 그리 높은 수준은 아니었으나, 내가 만들어내는 제품은 그것보다 훨씬 못했다. 누구나 만족할 만한 예쁜 목걸이를 만들고 싶었지만, 이론을 충분히 모른 채 생각만 가지고는 부족한 부분을 해결할 수가 없었다.

서울에서 내려온 뒤로 6개월 동안 제대로 된 제품 하나 만들어내지 못하고, 직원들과 함께 만들고 부수기를 밤새도록 반복했다. 금을 녹이고 체인을 만들고 제대로 만들어지지 않은 제품을 다시 녹이는 과정을 반복하면서 소실되는 금도 많아졌다.

그중 가장 큰 애로 사항은 제품 표면의 광을 내는 데 있었다. 한 번도 해보지 않은 일인 데다 기초지식이 없었으니 원리 자체를 이해하기 어려웠다. 서울에서 배울 당시 나의 스승조차 잘 이해하지 못했는데 그 밑에서 배운 나는 말할 것도 없었다. 엉성하기 짝이 없는 제품이 광도 제대로 나질 않으니 누가 사려고 하겠는가. 광 문제를 해결하기 위해 나는 그 후로도 상당히 공을 들였다. 그렇게 직원들과 함께 8개월가량 고생하고 나서야 겨우 목걸이가 나오기 시작했다.

옛날 금방을 하던 시절에 내가 보던, 손으로 만든 조잡한 국내 제품들과 비교한다면 못하지 않았다. 하지만 사람들이 외국 여행을 가서 사 오는 이탈리아 제품이나 일본 제품과 비교한다면 제품이라고 할 수 없었다. '만들다'의 의미가 '세상에 없는 것을 나오게 하다'라면 만들었다고 할 수 있겠지만, 내가 만들고 싶은 제품은 그런 것이 아니었다. 아주 고급스럽고 매끄럽고 디자인도 아름다운, 흠잡을 데 없이 완벽한 목걸이였다.

지금 같으면 엉터리 같은 조악한 제품이었으나, 당시에는 그것도 사주는 고마운 고객들이 있었다. 판매를 하면서도 나는 꼭 이것보다 훨씬 더 예쁜 목걸이를 만들어내겠노라고 이야기했다. 고객들에게 하는 이야기였지만, 나 스스로 다짐하는 일종의 주문이기도 했다.

그러는 동안 또 반년이 지나고, 서너 가지의 제품을 만들어서 부산에 있는 금방에 팔기 시작했다. 제품을 팔면서도 부끄러웠다. 이런 제품을 고객한테 사라고 하는 것은 말이 안 되는 소리였다. 처음부터 완벽한 제품을 만들어내리라고 생각한 것은 아니었지만 스스로 생각하기에도 너무한다 싶었다.

'난 이런 제품을 만들려고 시작한 게 아니야!'

마음이 차츰 조급해졌지만 갖은 방법을 동원해도 제품은 더 이상의 발전이 없었다. 아무리 노력해도 답을 찾지 못하는 나 자신이 답답하기만 했다. 저녁때 직원들이 퇴근한 뒤에도 혼자서 기계를 돌려가며 어떤 방법이라도 찾기를 기대했다. 일을 마치고 자리에 누워도 온통 목걸이 생각뿐이었고, 작은 아이디어라도 떠오르면 새벽같이 공장으로 뛰어나가 기계를 돌려보았다.

하지만 제품은 생각만큼 만들어지지 않았다. 만들고 녹이고 만들고 녹이다 보면 어느새 아침이 밝아 있는 적도 한두 번이 아니었다. 그렇게 밤을 새는 일이 허다했으니, 말 그대로 일에 미쳐 있었다.

나 혼자서 실험하고 연구하다가는 평생을 가도 내가 원하는 제품을 못 만들 것 같았다. 무언가 다른 조치가 필요했다. 하지만 아무리 애를 써도 돌파구를 찾을 수가 없었다. 그렇게 시간만 무심하게 흘러갔다.

그러던 어느 날, 갑자기 몸에서 열이 나기 시작하더니 기침이 며칠씩 지속되었다. 건강에 신경 쓸 여유도 없이 새벽까지 일을 했으니 어찌 보면 당연한 일이었다.

처음엔 그저 감기가 심하게 걸렸나 보다 하고 대수롭지 않게 생각했다. 하지만 평소보다 쉽게 피로해지는 것이 이상해 병원을 찾아갔고, 엑스레이 검사 결과 감기가 아닌 결핵이라는 진단을 받았다. 전염성이 강한 병이다 보니 당장 입원을 해야 했고, 꼼짝없이 몇 달 동안 갇혀서 지내게 되었다.

병원에서 치료를 받으면서도 내 건강보다는 제품을 만들어보지 못하는 것이 더 걱정이었다. 방법을 찾아보고 이것저것 시도해도 모자랄 판에 꼼짝없이 갇혀 있으니 답답한 노릇이었다. 의사는 스트레스를 받으면 안 된다면서 푹 쉴 것을 권유했지만, 나는 일분일초가 아깝다는 생각뿐이었다. 그래서 병실 안에서라도 할 수 있는 일을 찾아보기로 했다. 직접 뭔가를 만들어볼 수는 없으니 제품 책자나 카탈로그를 본다면 영감이 떠오를지도 모를 일이었다.

병문안을 온 아내에게 부탁해서 일본 제품의 카탈로그를 구했다. 카탈로그에 소개된 일본 제품들은 전혀 딴 세상의 것이었다. 체인의 모양, 마무리 등 모든 면에서 완벽했다. 나는 놀라움을 금치 못했다. 내가 만들고 싶은 제품 그 자체였던 것이다.

나는 통원 치료가 가능하다는 이야기를 듣고 퇴원하는 즉시 공장으로 달려갔다. 그 당시 수입되고 있던 일본 제품들은 우리나라 제품들과 엄청난 차이가 났다.

'그러면 하루빨리 일본으로 가자.'

일본에 가면 제품을 만드는 기계를 수입해 들여올 수 있을 테고, 동시에 우리가 가진 기술보다 훨씬 나은 제조기법도 배울 수 있을 것이라고 생각했다.

나는 당장 학원에 등록했다. 기본적으로 간단한 일본어 인사말 정도는 가능했으나 내가 필요한 정보들을 얻으려면 역시 일본어 회화를 공부해야 했다. 아침부터 하루 종일 공장에서 기계와 씨름하고 저녁에는 일본어를 배우는 강행군이 시작되었다. 몸은 힘들었지만, 아름다운 목걸이를 만들 수 있다는 생각에 마음은 그 어느 때보다 가벼웠다.

그렇게 공부를 시작한 지 반년쯤 지났을 때였다.

"사장님은 일본어를 왜 배우십니까?"

"아, 일본에 가서 큰 선물을 사가지고 와야 합니다."

"아니, 무슨 선물이기에 이렇게 열심히 언어를 배우신다는 말입니까?"

"전 일본의 목걸이 만드는 최신 기술을 배워와서 우리나라 고객들에게 예쁜 제품을 만들어 보여드리고 싶습니다."

수업 시간에 나는 일본어를 배우는 이유에 대해 이야기했다. 며칠 뒤 일본어 선생님은 그때 내가 한 말을 잊지 않고 나에게 흥미로운 이야기를 들려주었다.

"사장님, 저번에 일본에 가서 체인 만드는 방법을 배우고 싶다고 하셨는데, 그런 이유라면 일본이 아니라 이태리를 가시는 게 나을 것 같습니다."

"이태리요? 거기가 어딥니까?"

일본어 선생님이 알아본 바에 의하면, 일본의 체인도 전부 이탈리아에서 수입한 기계로 만든다고 했다. 체인 사업 또한 유럽에서 한참 뒤에 일본으로 전파되었으니 일본의 기술이라는 것도 결국 이탈리아가 근원지인 셈이었다.

'아, 그러면 내가 가야 할 곳은 일본이 아니라 이태리구나.'

일본을 가겠다고 마음먹은 지 1년도 채 되지 않아 지도를 펼치고 지구 반대편에 있는 나라를 찾는 상황이 벌어졌다. 게다가 이탈리아는 당시 실제로 존재하는 나라라고 느껴지지도 않을 만큼 생소했다.

뿐만 아니라 일본이건 이탈리아건 나는 마음 한구석이 무거웠다. 일본어 수업을 받을 때부터 고민하던 여권 문제가 해결되지 않았기 때문이었다. 오늘날의 젊은이들은 이해하기 어렵겠지만, 당시만 해도 여권은 특별한 사람들에게만 발급되었다. 해외여행이 자율화된 1987년 6월 이전까지 여권을 만들 수 있는 사람은 해외 업무를 보는 국가 공무원이나 수출 실적이 있는 대기업 직원, 60세 이상의 노인, 해외에서 초청장을 받은 사람들뿐이었다.

새로운 기술을 배우고 싶어도, 카탈로그에서 본 아름다운 체인을 만들 수 있는 기계를 들여오고 싶어도 상황은 나를 계속 낭떠러지로 미는 듯했다. 하지만 어려움에 처할수록 뜨거운 마음은 가라앉고 머리는 차분해졌다. 나는 단지 사람들에게 선물을 하고 싶었다. 내가 만든 제품이 엄청나게 팔리기를 기대한 것이 아니라, 내가 만든 제품을 모든 사람들이 목에 걸고 즐거워하는 모습을 보고 싶었을 뿐이다. 사람들에게 전 세계에서 가장 훌륭하고 예쁜 목걸이를 만들어주고 싶다는 열정이 나를 새롭게 일으켜 세우는 것을 강하게 느꼈다.

'아름다운 목걸이를 만들기 위해 나의 목숨까지도 바칠 준비가 되어 있는데, 여기서 그만둔다는 건 말도 안 되는 소리지. 어떻게 해서든 해낼 것이다!'

그때는 나의 생존이나 이익이 아니라 어떻게 하면 내가 원하는 목걸이를 만들 수 있을까 하는 생각밖에 없었다. 그러니 나에게 하지 말아야 할 일은 없었다. 온통 해야만 하는 일뿐이었다.

최선을 다했다는 말로
합리화하지 마라

'외국 회사를 찾아서 내게 초청장을 보내도록 편지를 써보자.'

여권을 만들 수 있는 네 가지 방법 중 현실적으로 가능한 것은 해외에서 초청장을 받는 것이라고 판단했고, 그날로 보수동의 헌책방 골목으로 가서 해외 서적들을 뒤지기 시작했다. 비록 영어는 모르지만 외국 카탈로그나 서적에 적힌 글자 중에서 주소가 뭔지는 대충 눈치로 알 수 있었다.

며칠 동안 찾고 찾은 끝에 손때가 묻어 너덜너덜해진 일본 카탈로그에서 이탈리아 업체 주소를 하나 발견했다. 나중에 알고 보니 이곳이 바로 이탈리아 스키오라는 곳에 있는 시스마 공장이었다. 체인을 제작하는 공장을 제대로 찾은 것이었다.

"찾았다!"

내가 가려는 길의 첫 번째 문이 열리는 순간이었다. 떨리는 마음으로 카탈로그를 사들고 와서, 그 회사에 정성껏 편지를 쓰기 시작했다.

안녕하십니까?

저는 한국에서 체인 목걸이를 만들고 있는 사람입니다. 지금까지 저는 자신만을 위해서 살기에도 바쁜 사람이었습니다. 그러나 얼마 전 제 가치관이 바뀌었고, 저 개인을 위한 인생이 아닌 타인을 위한 삶을 살기로 마음먹었습니다. 저는 그 누구보다 예쁜 체인을 만들고 싶은 사람이지만 능력이 많이 부족합니다. 그래서 기술을 배우러 이탈리아에 가고자 하는데, 그러려면 여러분의 회사에서 저에게 초청장을 보내줘야만 합니다. 그렇지 않으면 여권을 발급받지 못해 이탈리아에 갈 수가 없기 때문입니다. 동양의 조그마한 나라인 한국의 모든 고객들이 여러분의 회사 제품같이 예쁜 목걸이를 걸고 기뻐하는 모습을 보는 것이 저의 소원입니다. 부디 초청장을 보내주셔서 제가 이탈리아로 갈 수 있는 길을 열어주시기 바랍니다.

간절한 마음을 담아 편지를 썼다. 밤새 편지를 쓰고 고치는 바람에 피곤함이 밀려왔지만 한시가 급했다. 나는 날이 밝자마자 편지를 들고 중앙동에 있는 번역소를 찾아갔다. 당시에는 영어를 하는 사람이 많지 않아서 전문적으로 번역을 해주는 사람들이 번역소라는 곳에서 일하고 있었다. 나는 누가 보더라도 초청장을 보내주고 싶은 마음이 들도록 잘 번역해달라고 부탁했다.

지금 그 편지를 찾을 수 없는 것이 무척이나 안타깝다. 한참이 지나서 시스마의 직원들이 한국에 왔을 때 그 편지에 대해 물어보았지만 내 편지를 따로 보관하고 있지는 않은 듯했다. 마법 같은 모든 일의 시작이 그 편지에서부터 시작되었는데, 좀 아쉬운 마음이다.

번역된 편지는 번역소 직원이 부쳐주었다. 이제 할 일은 편지가 잘 도착하길 기다리는 것뿐이었다. 대략 한 달 정도 걸릴 것이라고 들었기에, 한 달 뒤부터는 매일 우체부만 지나가면 "외국에서 온 편지는 없습니까?" 하고 묻는 것이 하루 일과 중 가장 중요한 일이 되었다.

하지만 답장은 좀체 도착하지 않았다. 내 표정이 얼마나 진지했는지, 우체부는 내가 묻기도 전에 먼저 죄송하다면서 안타까움을 전했다. 그렇게 두 달이 지나자 희망은 점점 사라졌다.

처음에는 같이 기뻐하며 답장을 기다리던 직원들도 하나둘 지쳐갔다. 답장을 기다리느라 체인을 만드는 데 소홀해진 나에게도 불만을 갖기 시작했다.

"사장님, 이제 그만 기다리고 우리 제품이나 더 열심히 만들어보죠."

"이건 처음부터 안 되는 일이었습니다."

하지만 나는 희망을 저버릴 수 없었다.

"아니야, 그렇게 쉽게 포기할 순 없지."

오늘내일하면서 기다린 게 벌써 석 달째였고, 직원들 못지않게 나도 기다리는 것이 힘들었다. 힘든 정도가 아니라 죽을 것만 같았다. '편지가 제대로 전달이 안 됐나?' '내가 편지를 보낸 회사가 지금은 일을 하지 않나?' '그 회사 사장이 초청장을 보내지 말라고 했나?' 별별 생각이 다 들었지만, 그래도 포기할 수 없었다.

나는 상실감을 추스르고 다시 편지를 쓰기 시작했다. 답장을 못 받는다면 아무런 희망도 없을 것 같다고 적었고, 연락을 기다리면서 매일 내가 느끼고 있는 감정도 솔직하게 담았다.

기약 없는 시간이 순식간에 지나갔다. 카탈로그에서 처음 주소를 발견하고 편지를 보낸 지 반년, 두 번째 편지를 보내고 4개월쯤 지난 때였다.

"이재호 사장님, 계십니까?"

"네, 오늘도 고생이 많으시네요."

"오늘은 제가 사장님을 기쁘게 해드릴 수 있을 것 같네요."

"무슨 말입니까?"

"이것 말입니다. 외국 편지가 왔습니다. 이게 그렇게 기다리

시던 편지 아닙니까?"

"정말입니까? 정말 편지가 도착했습니까? 하하하하하, 감사합니다. 감사합니다!"

뛸 듯이 기뻤다. 아니, 실제로 마당을 몇 바퀴나 뛰며 즐거워했다. 직원들도 모두 뛰쳐나와 편지 내용을 확인했다.

'이탈리아 체인기계회사 시스마에서는 귀하를 정식으로 초청합니다.'

드디어 두 번째 문이 열리는 듯했다. 편지를 들고 여행사로 달려갔다. 그러나 기뻐하는 나와 달리 편지를 확인한 직원의 표정은 어두웠다. 나는 무언가 잘못됐음을 직감했다. 원인을 찾아야 했으므로 최대한 침착함을 유지하며 물었다.

"문제가 있군요."

"네."

"이걸로는 이탈리아에 갈 수 없는 건가요?"

"그렇습니다."

마음은 떨렸고, 머릿속이 어지러웠다.

"여기 '초청합니다'라고 적혀 있는데 왜 안 되는 겁니까?"

"이 초대장에 이탈리아 한국대사관의 직인이 찍혀야만 여권이 나옵니다."

"아……."

짧은 탄식을 내뱉고는 어떻게 해야 할지 잠시 생각했다.

"혹시 하, 한국대사관은 어디에 있는지 알 수 있습니까?"

직원은 지도를 한참 찾아보더니, 한국대사관이 로마에 있다고 알려주었다. 하지만 시스마 공장이 있는 도시와 로마가 얼마나 떨어져 있는지는 알 길이 없었다.

다시 번역소를 찾아가서 물어보았다. 내가 편지를 보낸 곳은 베네치아 옆 조그마한 도시인 스키오라는 곳으로, 로마에서는 비행기로 한 시간을 날아가야 한다고 했다. 현재도 차량으로 네 시간 이상은 족히 걸리는 곳이다.

동행한 직원은 이 정도 연락을 받은 것만으로도 대단한 일이라며 더 이상은 무리라고 했다. 하지만 나로서는 포기할 수 없었다. 이 길밖에 없다는 생각이 들었기에 다시 한 번 도와달라고 편지를 썼다.

보내주신 초청장은 잘 받았습니다. 오랜 시간 걸려 받은 편지인 만큼 이 기쁨은 말로 표현할 수 없을 정도입니다. 고맙고 또 고맙습니다. 그런데 한 가지 문제가 있습니다. 보내주신 초청장에 한국대사관의 직인이 찍혀 있어야만 여권이 발급된다고 합니다. 저는 이탈리아에 꼭 가야 합니다. 제품 만드는 법을 배울 수만 있다면 어떤 대가도 치를 수 있습니다. 귀사의 좋은 기계로 만든 제품들이 대한민국의 많은 고객들을 행복하게 해줄 수 있도록 부디 도와주시기 바랍니다. 제 꿈을 이루게 해주십시오. 부탁합니다.

얼굴도 모르는 사람이 보낸 편지에 답장을 해준 것도 모자라 남의 일로 시간을 들여서 그 먼 곳까지 가줄지는 알 수 없는 일이었다. 간다고 하더라도 한국대사관에서 시스마 직원의 이야기를 듣고 직인을 찍어줄지는 더더욱 알 수 없었다.

결과를 가르는 포인트는 스스로 돌아보았을 때 부끄럽지 않을 정도로 최선을 다했느냐 하는 것이다. 아니, 그 정도의 마음가짐으로는 부족하다. 한 발만 더 내딛으면 추락하고 마는 낭떠러지 끄트머리에서 줄다리기를 하는 사람의 마음이어야 했다. 나는 쓸 수 있는 모든 힘을 다 쏟아서 꼭 해내고 싶었고, 최선을 다했다는 말이 그저 내 실패를 스스로 위안하는 핑곗거리가 되지 않기를 바랐다. 집념을 가지고 내가 할 수 있는 모든 방법을 시도해봐야 했다. 그리고 남은 것은 시스마의 결정과 행동이었다. 그 결과에 나의 이탈리아행이 달려 있었다.

드디어 이탈리아에
도착하다

편지를 보내고 나서 또다시 3개월이 흘렀다. 마침내 이탈리아에서 편지가 도착했다. 조심스레 편지를 뜯어보니 대사관 관인이 뚜렷하게 찍혀 있었다. 하지만 또 무슨 시련이 있을까 싶어 마냥 기뻐하지도 못하고 여행사에 편지를 들고 가서 물어보았다.

"편지가 또 오긴 했는데, 매번 변수가 있으니 함부로 기뻐할 수가 없네요. 이 편지면 제가 이태리에 갈 수 있겠습니까?"

"네, 이 초청장으로는 여권을 낼 수 있겠네요. 정말로 고생하셨습니다."

나는 직원의 격려를 듣고 나서야 웃을 수 있었다.

"그럼 빨리 발급해주세요. 부탁드립니다."

처음 편지를 보낸 지 어언 1년 만의 일이었다. 포기하지 않고 노력했기에 가능한 결과였다. 아마 다시 그 시절로 돌아간다고 해도 나는 그때와 똑같은 절차를 밟을 것이다.

이쯤에서 궁금해할지도 모르겠다. 내가 그토록 조바심을 내고 마음고생까지 하면서 여권을 만든 이유 말이다. 이미 많은 돈을 벌어놓고도 더 많은 물욕이 생겼던 걸까? 절대 아니다. 인생을 가장 값지게 사는 방법은 나를 필요로 하는 사람들에게 내가 소중하게 활용되는 것이라고 생각했기 때문이다. 이런 생각을 잠시도 버리지 않고 좇아간 것이 힘의 원천이었다.

수십만의 고객이 마치 나에게 '왜 빨리 이태리에 가서 기술을 배워오지 않는가? 왜 더 좋은 목걸이를 만들지 않는가?'라고 질책하는 것 같았다. 실제로 누가 가라고 등을 떠민 것도 아닌데 나 스스로를 채찍질했던 것이다. '목걸이를 예쁘게 만들면 고객들이 보고 웃을 것이다. 행복해할 것이다. 다른 사람이 만들 수 없는, 세상에서 가장 아름다운 목걸이를 만들어서 고객들을 웃음 짓게 한다면 내 인생에서 그야말로 가장 보람된 일이 아니겠는가?' 하는 생각뿐이었다.

막상 이탈리아에 갈 수 있게 되자 나는 의사소통이 걱정되었다. 그러다 문득 MBC에서 보도국장을 하고 계신 8촌 형님이 떠올라, 그분을 찾아가서 도움을 청하기로 했다.

"형님, 제가 이태리를 가야 하는데, 여권 나오는 것만 해결하고는 그다음부터 어떻게 해야 할지 전혀 모르겠습니다."

내 말을 들은 형님은 코트라를 알려주었다. 나는 코트라가
뭘 하는 곳인지도 모른 채 무작정 찾아가서, 이탈리아에서 함께
다닐 가이드 한 명만 구해달라고 부탁했다. 고맙게도 코트라는
곧장 이탈리아 밀라노 지사에 전화를 걸어, 내가 도착하는 날짜
에 마중 나올 수 있는 가이드를 섭외해주었다.

이탈리아에 준비된 것은, 밀라노 공항에 내리면 나를 만나러
오는 사람이 있다는 것뿐이었다. 나는 출발하기 전날까지도 저
녁 늦게까지 일을 하고는, 직원 네 명과 함께 반주를 곁들인 저
녁 식사를 했다.

"내일 출발하면 일주일이 걸릴지 열흘이 걸릴지 모르겠네.
내가 없더라도 나와 같이 일하는 마음으로 작업을 잘해주길 바
라네."

그렇게 당부를 하고는 집으로 돌아왔다. 꿈을 이룰 수 있다
는 기대로 나는 너무나 즐거웠다. 그런데 막상 잠자리에 드니 불
현듯 두려움이 밀려왔다.

'비행기를 바꿔 탈 수는 있을까? 집으로 무사히 돌아올 수 있
을까?'

생각해보니 모든 것이 막연했고, 그 막연함에서 비롯된 불안
감은 점점 더 커져만 갔다. 이탈리아라는 나라는 지도에서나 보
았을 뿐 다녀왔다는 사람을 본 적이 없었고, 어떤 나라인지도 알

지 못했다. 한 번도 가본 적 없는 달나라를 여행한다면 물론 매우 즐겁기야 하겠지만, 전혀 경험해보지 못한 미지의 세계라는 점에서 긴장감도 들게 마련이다. 듣도 보도 못한 세상에 가서 많은 것을 배워와야 한다는 생각에 마음 한편으로는 부담감이 엄청났다.

온갖 안 좋은 생각과 여러 감정들로 잠을 못 이루고 뒤척이고 있는데, 곁에서 아내가 말했다.

"그렇게 불안한 여행을 왜 하려고 하세요?"

다시 한 번 아내에게, 내가 값지게 활용되기 위한 삶을 살기 위해서라고 이야기했다. 그럼에도 아내는 가지 말라며 재차 말렸고, 나는 끝내 유언 같은 말을 했다.

"만일에 내가 못 돌아오거든……"

말이 끝나기도 전에 아내는 펑펑 울었고, 나는 "미안하오. 난 가야 하오"라는 말만 되풀이했다.

그렇게 밤을 꼬박 새운 뒤, 어둠이 짙게 깔린 새벽에 김해공항으로 향했다. '어떤 어려움이 있어도 포기하지 않고 최신 기술을 배워와서 내 손으로 아름다운 제품을 만들겠다는 꿈을 반드시 이룰 것이다.' 파부침주破釜沈舟(솥을 깨뜨리고 배를 가라앉힌다는 말로, 싸움터로 나가면서 살아 돌아오기를 바라지 않고 결전을 각오한다는 뜻)의 마음가짐으로 나는 다시 한 번 굳게 결의했다.

혹자는 해외에 한 번 나가는 것 가지고 무슨 호들갑이냐고

의아해할지도 모르겠다. 지금이야 해외여행이 아무것도 아니고 외국 제품도 직구를 통해 손쉽게 구입하므로 이질감이 거의 없다. 그러나 1985년 당시에는 해외에 나가는 사람이 1년 내내 50만 명도 되지 않았고, 주변에서 외국에 다녀왔다는 사람을 만나기도 힘들었다. 더군다나 직항으로 비행기를 한 번만 타고 곧장 이탈리아까지 날아가는 것도 아니었다. 김해에서 김포로 가서 일본 도쿄, 태국 방콕, 사우디아라비아 제다, 스위스 취리히를 거쳐 밀라노로 가야 했다. 비행기를 여섯 번이나 갈아타고 36시간 만에 도착하는 실로 어마어마한 여정이었다.

해외여행도 처음이고, 영어는 한마디도 못하고, 동행하는 사람도 없었다. 김포공항에 도착해서 국제선 표를 쥐고 공항터미널에 앉아 있자니 온 신경이 곤두섰다. 초긴장 상태에서 첫 경유지인 도쿄에 내리자 그제야 갈 수 있을 것 같은 마음이 조금씩 들기 시작했다. 그리고 아무것도 안 보이던 처음과 달리 지나다니는 승객들도 보이기 시작했다. 나는 갈아탈 비행기 티켓을 손에 쥔 채 길 가는 사람을 붙잡고 고개를 꾸벅 숙이고는 말없이 티켓만 내밀었다. 그러면 사람들이 유심히 살펴보고는 손짓으로 갈 곳을 알려주었다. 혹시나 이륙 시간을 놓쳐 비행기를 못 탈까 봐 탑승구 바로 앞에서 짧게는 30여 분, 길게는 몇 시간씩 기다리며 갈아타기를 반복했다.

나 자신만을 위한 삶이라면 굳이 그럴 필요도 없었지만, 내 삶을 고객들을 위해 바치겠다는 각오를 한 뒤로는 어떤 고통도 감수할 수 있었다. 선진 기술을 들여와서 고객들에게 가장 예쁜 목걸이를 만들어주고 싶었고, 내가 가진 능력을 키워서 세상에 도움이 되는 존재가 되길 바랐다. 무릇 역사에 처음이라는 자취를 남긴 많은 인물들도 스스로의 이익이 아니라 타인에게 도움이 되고자 하는 마음을 가지고 행동했을 것이라고 생각한다.

비행기를 여섯 번이나 갈아타는 동안 조금은 익숙해질 법도 했지만, 밀라노로 가는 마지막 비행기를 탈 때까지 긴장을 완전히 놓지는 못했다. "잠시 후 우리 비행기는 밀라노에 도착합니다." 아마도 이런 말이었을 것이다. 36시간이나 걸린 여행의 끝을 알려주는 안내 방송이 나오면서 비행기는 구름을 뚫고 드디어 목적지 착륙을 준비하고 있었다. 비행기 안에서 나눠주는 입국신고서는 쓸 줄 몰랐고 수속 절차도 전혀 이해하지 못했으니, 입국심사 때는 공항직원에게 붙들려서 맨 마지막으로 출국장을 나오기도 했다. 밀라노에 도착할 때까지 36시간 동안 한국 사람을 한 명도 못 본 데다 마지막까지 공항에 잡혀 있었던 까닭에 그때쯤엔 영혼까지 다 빠져나간 기분이었다.

이. 재. 호.

입국장으로 들어서자마자 보이는 내 이름 석 자였다. 30년이나 지난 일이지만, 낯선 타지에서 내 이름을 마주한 이날의 기억이 아직까지도 생생하다. 내 이름이 이렇게 반가울 줄이야. 실낱

같은 희망이 실현되는 것을 느낀 순간이었다.

"반갑다, 반가워!"

A4 정도 크기의 용지에 내 이름을 써서 들고 있는 가이드를 확 끌어안았다. 내가 드디어 이탈리아에 도착한 것이다. 나를 감싸고 있던 긴장감은 그제야 완전히 없어졌다.

나는 곧바로 이탈리아에 온 목적을 이루기 위한 일정에 들어갔다. 마중 나온 그 친구의 차를 타고 코트라로 직행했다. 지나가는 차창 밖으로 보이는 풍경이 너무나 아름다웠다.

"이거 진짜 국내에서
만들었습니까?"

"내가 이탈리아에 왔어." 차에 앉아서
계속 이 말만 반복했다. 믿을 수 없는 일이었다.

나는 밀라노에 있는 코트라에 도착하자마자 지점장을 찾아
가서 말했다.

"저는 이태리 전역에 걸쳐 체인 기계를 만드는 공장과 직접
체인을 만드는 공장을 견학하기 위해 왔습니다. 죄송하지만 이
들 공장의 주소를 뽑아주실 수 있겠습니까?"

나는 지점장을 만나자마자 비행기에서 내내 생각한 자료들
을 부탁했다. 내가 그토록 동경해 마지않던 이탈리아 목걸이를
만드는 방법이 너무나 궁금했던 것이다. 기계로 어떻게 체인을
꼬는지, 그 체인을 만드는 기계는 어느 회사에서 만들어서 어떻

게 파는지 다 보고 싶었다. 그것이 이탈리아에 온 목적의 전부였다.

두어 시간을 기다리니 밀라노 지점의 직원이 목록을 빠짐없이 뽑아주었다. 고맙다는 인사를 하고는 가이드에게 말했다.

"오늘은 무조건 스키오로 가세. 나를 초청해준 시스마에 가서 인사를 해야겠네."

우리는 곧바로 스키오로 향했다. 일분일초가 아깝게만 느껴졌다. 일생일대의 커다란 도전이었지만, 나에게는 실패를 대비한 플랜B가 없었다. 무조건 성공해야만 하는 과제였다.

"안녕하세요, 만나서 반갑습니다."

나를 초청해준 고마운 회사에 도착했더니, 영업부장이 나를 기다리고 있었다. 환하게 웃으며 나를 환대해주는 그에게 나도 최고의 예의를 갖춰서 한국식으로 절을 하며 인사했다.

"하하하, 너무 반갑습니다. 여러분이 고맙게도 나의 부탁을 무시하지 않고 이렇게 초청해줘서 내 꿈을 이룰 수 있을 것 같습니다."

나는 기쁨의 인사를 건넨 뒤 듣고 싶은 이야기와 배우고 싶은 일이 너무나 많다고 했다.

"도와줄 수 있겠습니까?"

나는 통역을 통하지 않고 우리말로 물어보았다. 굳이 통역을 하지 않아도, 그는 진지한 나의 얼굴을 보면서 어떤 말을 하는지 이해하는 듯했다.

"네, 도와드리겠습니다."

이튿날부터 3일간 매일 영업부장과 미팅을 하면서 궁금한 것들을 물어보았다. 그러고는 실제로 얼마나 잘 가동되고 있는지 보여달라고 했더니, 그다음 날부터 시스마의 기계를 직접 사용하고 있는 공장을 견학시켜주면서 작동법을 다 보여주었다. 그동안 우리 공장에서 힘들이던 부분을 너무도 쉽게 처리해내고 있었다.

나는 코트라에서 알려준 그 밖의 공장들도 빠짐없이 다니며 귀한 경험을 했다. 하루 종일 공장을 돌아다니면서 보고 배웠고, 낮에 배운 것을 잊지 않으려고 숙소로 돌아가는 즉시 노트에 정리했다. 이러한 생활이 이탈리아에 머무는 내내 지속됐다. 내심 일주일 정도면 충분하리라 생각했는데 배울 것이 한두 가지가 아니었다. '내가 여기까지 어떻게 왔는가?' 하고 생각하니 쉽게 돌아갈 수가 없었다. 하루하루가 충격의 연속이었다. 몇 년을 배워도 다 배우지 못할 소중한 과정들이었다.

한국으로 돌아가서 사용할 수 있어야 하니 기본적인 개념은 머릿속에 넣고 필요한 장비들은 구매 계약을 했다. 장비를 사용하는 방법도 꼼꼼히 익히고 나 나름대로 기계 사용서도 만들었다. 그러다 보니 결국 한 달이나 머물게 됐다.

'이제 집으로 돌아가자.'

밀라노 공항에 앉아서 그동안 배우며 기록해둔 기계 작동법을 다시 한 번 꼼꼼히 읽기 시작했다. 깨알같이 적어놓은 기록을 보니, 마치 타임머신을 타고 한 달 전으로 돌아간 듯했다. 하루하루 치열하게 지낸 기억들이 머릿속에서 선명하게 떠올랐다.

한국으로 오는 내내 가슴이 두근거리고 설레었다. 비록 한 달밖에 지나지 않았지만 시간이 멈춘 세상에서 1년을 보내고 다시 현실로 돌아온 듯한 느낌이었다. 마치 지구상에 존재하지 않는 상상 속의 신세계를 발견한 듯한 기분이었고, 그동안의 고생조차 달콤하게 느껴졌다. 한 달 전의 이재호와 비교하면 나는 전혀 다른 사람이 되어 있었다.

한국으로 돌아오자마자 새 공장을 지으면서 기계를 기다렸다. 7개월쯤 지난 무렵 공장이 완성되었고, 우리나라 주얼리 역사상 처음으로 이탈리아의 최신 체인 기계가 들어왔다. 배에 실려 7~8개월 만에 도착한 기계들이 들어오기 시작하는데, 하루하루가 가슴 뛰는 날의 연속이었다. 처음 보는 신기한 기계들을 접하면서 직원들도 기대감이 커졌고, 다들 세상에서 가장 예쁜 목걸이를 만들어낼 수 있다는 생각에 들떴다.

하지만 생각과 달리 기계가 들어와도 제품은 쉽게 생산되지 않았다. 조작법을 배워오긴 했지만 전 과정을 알 수는 없는 일이었다. 그러다 보니 직원들과 함께 매뉴얼을 보면서 며칠에 걸쳐 하나씩 터득할 수밖에 없었다. 눈앞에 있는 기계를 당장 돌리지 못하는 것이 너무나 안타까웠다.

그러나 그 힘겨운 과정 속에서 나의 안타까움은 '왜 이렇게 만들어졌을까?', '이것은 어떻게 작동되는가?'라는 질문으로 바뀌어 갔고, 점차 기계의 기본적인 원리를 파고들기 시작했다. 그러면서 올바른 가동 방법을 터득해갔고, 그래도 모르는 부분은 이탈리아 기술자를 한국으로 불러서 하나씩 배워 나갔다. 그런 과정들을 거치며 나중에는 설명서를 아예 한국식으로 재탄생시키기도 했다.

이렇게 했음에도 불구하고 끝내 조작법을 알 수 없는 디테일한 사항들에 대해서는, 체인을 만들면서 꼼꼼히 적어놓은 일명 '작동일지'를 들고 이탈리아로 한 번 더 날아가서 배워왔다. 그렇게 조작법을 직접 몸으로 익혀가는 과정을 거치면서 기계를 정상적으로 가동하기 시작한 것은 그로부터 2년이 더 지난 후였다. 그사이 새로 생산된 기계를 수입하기도 했다. 내가 원하는 기계가 전부 수입 완료된 1990년대 초반부터는 모든 기계가 이탈리아 제품과 동일한 제품을 생산해내기 시작했다.

정밀하지 않은 기계에서 생산된 기존의 체인은 고리의 연결 부위가 거칠어 터치감이 좋지 않았으며, 이음새 부분도 어설프고 흠집이 발생하는 데다 광택도 제대로 나지 않았다. 하지만 이탈리아에서 가져온 기계가 만들어내는 체인은 굵기도 고르고 터치감도 좋았으며, 이음새도 완벽하게 처리되고 광택까지 제대로 났다. 완성도와 제작 시간 측면에서 모든 것이 완벽했다.

"와, 사장님, 이거 보이십니까?"

"그래, 나도 보고 있다."

눈이 부실 정도로 아름다운 체인이 생명을 가진 양 꿈틀거리며 나오는 것이 보였다. 황홀할 정도로 아름다운 체인을 한동안 바라보고 있자니 슬며시 미소가 지어졌고, 눈가에는 곧 눈물이 맺혔다.

"드디어 해냈다. 이제 우리 고객들도 이탈리아 제품과 같은 아름다운 목걸이를 가질 수 있게 되었어. 하하하."

소름이 끼치도록 짜릿했던, 결코 잊을 수 없는 순간이다. 기계에서 일사천리로 생산되는 제품을 보면서 나는 물론 직원들까지 미친 사람처럼 웃고 있었다.

바로 그때가 명품 리골드 역사의 시작이었다.

당시에 우리나라 체인 기계는 비싸도 30만 원 정도였는데, 이탈리아에서 수입한 기계의 가격은 대략 3000만 원이었다. 30만 원짜리 기계가 생산해내는 제품과 3000만 원짜리 기계가 생산해내는 제품이 같을 리 없었고, 고객들이 보기에도 수준 차이가 엄청났다.

"수입품입니까?"

"아닙니다. 우리가 만든, 메이드 인 코리아입니다."

우리 제품을 처음 접한 사람들의 입이 떡하고 벌어지는 것은 당연한 일이었다.

21세기 가장 영향력 있는 비즈니스 전략가 세스 고딘은 자신의 책 《보랏빛 소가 온다》에서 리마커블remarkable한 제품을 '보랏빛 소'로 표현했다. 그는 여행 중 초원에서 수백 마리의 소떼를 보면서 그 장관에 너무나도 감탄했지만, 채 20분도 지나지 않아 지루해졌다고 한다. 만약 그때쯤 보랏빛 소가 나타났다면? 아마 다시 감탄스럽지 않았을까? 세스 고딘은 그런 생각이 들었다고 한다.

그저 그런 제품이 아닌 리마커블한 제품. 바로 리골드의 제품들이었다. 보는 사람들마다 우리 기술로 만든 제품이라는 사실을 믿기 힘들다는 반응이었고, 너도나도 앞다투어 제품을 구매했다. 덩달아 매출도 폭발적으로 성장하기 시작했고, 직원들도 어마어마하게 늘어났다.

지치면 지고
미치면 이긴다

나에게는 회사의 외형이 커가는 것만큼 중요한 일이 하나 있었다. 회사의 재산은 고객이기도 하지만, 능력을 발휘하는 직원이기도 하다. 그런 직원들에게 영감을 주고 싶었다.

일을 하는 이유는 자신의 재능으로 누군가에게 도움이 되기 위함이며, 타인을 위해 자신의 능력을 값지게 쓰는 행동을 '기여'라고 생각한다. 지금도 나는 기여를 할 때 그 존재 가치가 빛난다고 생각하고, 타인에게 기여하는 삶을 사는 것이 인생의 진리라고 믿는다.

일을 하는 동안 나는 직원들에게 내 머릿속에 자리 잡은 가치관을 정확하게, 하지만 쉽게 풀어서 이해를 시키려고 무던히도 애썼다. 그때 어느 직원과 했던 이야기가 기억에 남는다.

"사장님은 일하는 게 즐거우십니까?"

"그럼, 참으로 즐겁지. 일하는 게 즐겁지 않을 이유는 뭔가?"

"즐거운 비결이 있습니까?"

"비결이라……. 자네에게 특별히 알려주지. 고객들에게 세상에서 가장 좋은 목걸이를 선물하겠다는 내 다짐이 지금 현실이 되었고, 실제로 고객의 기분을 행복하게 해주고 있지 않나. 나는 목걸이를 가장 사랑하는 사람에게 선물한다고 생각하며 만든다네. 자네도 사랑하는 사람에게 줄 선물을 고를 때 받는 사람의 기분이나 얼굴을 상상하면 저절로 웃음이 나지 않는가? 난 목걸이를 만들면서 그런 기분을 매일 느끼고 있으니 당연히 즐거울 수밖에."

"가장 사랑하는 사람한테 줄 선물을 만드는 기분이라……."

직원은 무엇인가 알겠다는 표정으로 내가 하는 말을 따라서 되뇌었다.

"그렇지. 내가 정성스러운 마음으로 예쁘게 만들었으니까 고객은 틀림없이 행복을 느낄 거야, 행복을 느끼고 있어, 이렇게 상상하면서 나도 행복을 느끼는 거지."

리골드 사옥에는 실제로 '가장 아름다운 제품을 만들어서 내 애인에게 선물을 한다는 생각으로'라는 글귀가 적혀 있다. 몇몇 직원들은 유치하다고 생각할지도 모르겠다. 하지만 대부분의 직원이 이 슬로건에 담긴 가치관을 받아들이고 따라주는 이유는 나 스스로가 그 가치관에 따라 행동하는 삶을 살기 때문이라고 믿는다.

한참 일하다가도 직원들과 눈이 마주치면 나는 이런 질문을 던지곤 했다.

"지금 만드는 게 누구한테 줄 제품이고?"

질문을 처음 듣는 직원은 잠시 머뭇거리다가 쭈뼛거리며 "손님한테……"라고 대답하기도 했다. 그러면 나는 단호히 일렀다.

"아니야, 지구상에서 네가 가장 사랑하는 사람한테 선물할 제품이야."

그러니 혹시 제품에 대해 불만을 가지면 어떡하는가? 제품을 쓰다가 망가지면 얼마나 불쾌하겠는가? 모양이 세련되지 않거나 완벽하지 않다면 어찌할 텐가? 그런 것은 생각할 수도 없는 일이었다.

"만드는 사람의 입장이 아니라 선물을 받는 애인의 입장에서 모든 것을 생각하라."

나는 직원마다 격려하며 1년에도 수십 번씩 이 말을 했다. 리골드에 입사해서 6개월가량 지난 직원들 중에 나한테 이 말을 듣지 않은 직원은 단 한 명도 없었다.

타인을 돕고, 타인이 즐거워한다고 생각하고, 내가 하는 일 때문에 타인이 행복해하는 것을 상상하면서 일하라. 그러면 정말로 일에 미칠 수 있게 된다. 나는 일에 미쳐 있었다. 주얼리에 미치고, 제품을 만들어내는 기계에 미쳐 있었다. 미쳐서 일을 하면 밤을 새도 피곤하지 않았다.

그때는 출근할 때마다 매일같이 모든 직원의 어깨를 두드려주며 한마디씩 덕담을 하고는 사무실로 가는 것이 일과였다. 또한 출근길에 어떤 아이디어에 한번 꽂히면 출근한 즉시 기계 앞에 쪼그리고 앉아서 작업자와 이야기를 나누고, 또 관리자를 불러서 확인하는 것이 다반사였다. 그러다가 점심시간을 넘기는 일도 허다했다. 직원들은 그런 나를 보며 '불광불급不狂不及'이라고 표현했다. 미치지 않으면 미치지 못한다, 즉 일에 미쳐야 목표를 이룰 수 있다는 뜻이다.

《록펠러의 부자가 되는 지혜》에서 록펠러는 행복으로 가는 길에는 간단한 두 가지 원칙이 있다고 말했다. 관심이 있고 잘할 수 있는 일을 찾는 것, 그리고 그 일에 몸과 마음을 다해 자신이 지닌 모든 에너지와 열의, 타고난 재능을 쏟아붓는 것이다.

나는 수도꼭지가 세면대에 있을 때 가장 어울리듯이, 자신에게 꼭 맞는 장소와 직업이 분명히 존재한다고 믿는다. 아무리 평범하고 자랑할 만한 재주가 없는 사람이라도 무언가 하나는 장점이 있게 마련이다. 그러니 자신이 어울리는 곳과 가장 잘할 수 있는 일을 찾아야만 하고, 그곳에서 가장 즐겁게 일을 해야 한다.

하지만 처음부터 자신이 무엇을 좋아하는지, 가장 잘할 수 있는 일이 무엇인지 정확히 알아내기는 어렵다. 따라서 젊은 시절에는 이것도 해보고 저것도 해보면서 다양한 경험을 쌓아야 한다. 그래야 정말 인생을 걸어야 하는 순간에 갈팡질팡하지 않는다. 네덜란드의 철학자 스피노자는 "깊이 파기 위해서 넓게 판다"라고 말했다.

나아가 고민 끝에 찾아낸 길이 자신의 적성과 조금 거리가 있다고 느끼더라도 곧장 바꾸지 말고 끝까지 가보는 노력을 해야 한다. 그래야 자신의 모자란 부분이 무엇인지를 진실로 느낄 수 있다. 많은 사람들이 조금만 힘들거나 고통스러우면 금방 포기한다. 어려움을 이겨낸 뒤 찾아오는 행복과 기쁨을 맛보려고 노력하지 않고, 한 직업에 몸담고 있는 시간을 중요하게 생각하지 않는다.

사실 행복한 삶을 누리려면 고통을 피해가기만 해서는 안 된다. 바다를 건너기 위해 수영을 배우기 시작할 때는 허우적대다가 물을 마시기도 하고 물에 빠지기도 하면서 파도에 맞서 이겨내는 과정을 겪어야만 한다. 그래야 비로소 헤엄을 칠 수 있게 된다. 마찬가지로 자신이 잘할 수 있는 일을 찾으려면 직접 해보면서 쓰디쓴 고통도 경험해봐야 한다. 내가 잘하는 것을 남이 나에게 알려줄 수는 없는 노릇이다.

그렇기 때문에 무엇을 가장 잘할 수 있는지 생각해보는 시간

을 가져보는 것은 매우 중요하다. 그때는 최대한 나 자신을 객관
화하여 스스로에게 냉정히 물어봐야 한다. 같은 시간이 주어졌
을 때 내가 가진 능력과 재능을 어디에 투자하면 많은 사람에게
도움이 될 수 있을지 말이다.

똑같은 일을 하더라도 남들보다 더 미칠 수 있는 열정이 있
어야 뛰어난 결과를 경험할 수 있다. 그렇게 즐거움을 찾아야 한
다. 내가 즐겁게 일을 할 수 있어야 능률이 오르고 기여할 수 있
는 기회도 더 많아진다. 이 기회가 우리들이 그토록 바라는 부와
명예를 따라오게 만들어주는 것이다.

매년 3000만 원을
버리다

이탈리아에서 들여온 기계로 제품을 생산하면서 당시 나는 매년 3억에 가까운 금액을 계속 시스템에 투자했다. 기계를 사는 데 그 많은 돈을 쓰면서도 아깝다는 생각은 전혀 하지 않았다.

새로운 기계나 체인이 나오기만 하면 '이 제품은 졸업 선물로 해주면 너무 좋을 것 같다'라든지, '이 기계로는 체인을 얇게 만들 수 있으니, 사람들이 여름휴가 때 걸고 놀러 가면 시원하고 돋보일 것 같다'라는 생각이 들었고, 그럴 때마다 주저하지 않고 기계를 수입했다.

그런데 이 투자라는 것이 상식적으로 생각하는 것만큼 성과를 내지 못하기도 했다. 내 눈에는 너무 예쁘고 고객도 틀림없이 좋아할 것이라고 생각해서 만든 제품이 정작 팔리지 않은 경우도 부지기수였다. 팔리지 않는 제품은 고객의 선택을 받지 못했다는 의미이므로 더 이상 생산할 필요가 없었다. 결국 시험 가동만 해보고 공장 한구석에 처박아놓는 기계들이 생겨나기 시작했다.

기계를 수입할 때 그 비용을 회수하는 기간이 얼마나 걸릴지, 그 기계로 생산한 제품이 얼마나 팔릴지 계산해본 적은 없었다. 그러니 1년에 3억 가까운 돈을 들여서 사온 기계마다 전부 성공을 할 수는 없었다. 많은 사람들은 내가 실패 없이 미래를 정확히 예측해 기계를 수입했을 것이라고 생각하지만, 불행하게도 수입한 기계의 10퍼센트 정도는 시험 가동만 해보고 한쪽으로 밀려나고 말았다.

내 입장에서 '고객이 좋아할 것'이라고 단정하고 확신한 제품들이 실제로는 고객이 원하는 것이 아니었던 것이다. '고객의 관점'에 명확하게 대답하지 못한 탓에 많은 실패를 했는지도 모른다. 그러니 무엇이든 고객의 관점에서 철저하게 문제 제기를 하는 습관을 들여야 한다. 그래야 실패를 줄일 수 있다.

수입해서 제대로 사용해보지도 못하고 고철로 썩어가는 그 10퍼센트의 기계들은, 공장 한구석에서 고객의 만족을 위해 노력했던 자랑스러운 흔적으로 아직도 그대로 남아 있다. 지금은 녹슬어 고철이 되어버린 기계를 보면서, 나는 10퍼센트의 실패를 떠올리기보다는 90퍼센트의 성공으로 많은 고객에게 감동을 줬다는 생각을 한다.

산술적 계산으로는 매년 약 3000만 원씩 버린 셈이지만, 장기적 안목으로 보자면 결코 실패라고 할 수 없었다. 오히려 리골드가 성장하는 데 지속적으로 견인차 역할을 해주었다. 리골드는 체인의 모든 라인업을 갖추고 항상 최고의 상품, 최초의 상품을 도맡아 생산해옴으로써 고객에게 상당히 어필할 수 있는 계기를 마련했다.

지금까지 리골드에서 개발된 제품들은 6000여 종이 넘는다. 그런 실패 속에서도 매년 약 500종 이상이 개발되었다. 그렇게 개발된 제품 중 '스프링 밴드 오메가 체인Spring Band Omega Chain'은 1999년도에 단일 품목으로 570만 달러 수출이라는 엄청난 성과를 거두기도 했다. 오메가 체인은 이탈리아의 꾸베또Cubetto를 변형한 것인데, 당시 꾸베또의 공정 속도는 상당히 느렸다. 이를 개선할 방법을 기술자들과 함께 몇 날 며칠 고민하다가 해답을 찾은 것이다. 기존 공정의 10분의 1도 안 되는 기술이었다.

일본 카탈로그에 나온 제품을 보면서 꿈을 키워온 내가 반대로 일본에 수출을 하면서 대표적인 주얼리 수출회사로 인정받은 순간이었다. 그뿐인가.

당시 일본 바이어는 단일 건으로 570만 달러의 엄청난 양을 수입해 가면서 나에게 반드시 특허를 내달라고 간곡히 요청했다. 안 그러면 여기저기서 디자인을 베낀 제품이 출시될 테고, 시장가격을 흐려서 문제가 생긴다는 것이었다.

그 후 2~3년 동안 그 바이어는 실제로 일본 시장을 독점했다. 일본 바이어의 등쌀에 못 이겨 특허를 내긴 했지만, 나는 그 특허 권리를 한 번도 주장한 적이 없다. 그러니 당연히 한국의 업체들이 따라 하기 시작했고, 나중에는 일본도 마찬가지였다. 몇 년 후에는 이탈리아에서도 엄청나게 만들면서 오메가 체인은 전 세계로 퍼져나갔다. 나로서는 거래처가 다 떨어져 나가면서 경제적으로 손해였지만, 리골드에서 만든 제품이 전 세계 여러 나라의 수백만 고객을 미소 짓게 만든다는 생각에 돈보다 훨씬 값진 마음의 행복을 얻었다.

전기자동차회사 테슬라의 CEO 일론 머스크는 최근 "우리의 모든 특허는 여러분의 것입니다All our patent are belong to you."라면서 자신의 기술을 공개할 뜻을 밝혔다. 지난 2016년 모델3로 전 세계에서 40만 대, 약 22조 원의 선주문을 달성하며 전기자동차의 대명사가 된 테슬라의 정책에 대해 그는 다음과 같이 말했다.

"오늘날의 특허는 기술의 진보를 억누르고, 거대 기업들이 자기 자리를 공고히 하는 데 더 많이 활용됩니다. 실제로 특허의 발명자보다 법조계에서 일하는 사람들의 배를 더 불리고 있습니다."

그는 기업의 궁극적인 목표에 대해, 이 세상을 좀 더 살기 좋은 곳으로 만들기 위한 방법을 연구하는 것이라고 했다. 전기자동차의 개발 역시 탄소 배출에 따른 지구온난화의 위기를 해소하기 위함이었다. 그런데 혼자만의 힘으로는 전기자동차를 대중화하는 것이 불가능하다고 판단했고, 그래서 심혈을 기울여 만든 특허를 자발적으로 공개함으로써 테슬라의 전기차가 아닌 '우리'의 전기차를 개발하고자 한 것이다.

내가 특허권을 주장하지 않은 것은 일론 머스크가 기술 공개를 선택한 것과 비슷한 마음가짐이었다고 생각한다. 리골드에서 개발한 제품이었으나 사람들은 리골드에서 개발한 제품인지, 이탈리아에서 개발한 제품인지 몰랐다. 알고 싶어 하지도 않았고, 예쁘니까 그냥 따라 만들었을 뿐이다. 지적재산권을 주장하며 다른 업체가 무단으로 사용하는 것을 막고 우리만 독점하고자 했다면 모두 다 제지가 됐을 것이다.

그렇지만 나의 바람은 나만 많이 파는 것이 아니고, 가능하다면 많은 사람들이 만들어서 더 많은 고객이 즐길 수 있게 하는 것이었다. 그러니 제지할 이유가 없었고, 당연히 기술에 대한 사용료를 받는 것 또한 있을 수 없는 일이었다. 고객을 행복하게 만드는 주체에는 너와 내가 따로 없다는 것이 내 지론이다.

그때뿐 아니라 지금도 나만의 제품이 아닌 주얼리 업계의 '우리'가 만드는 제품으로 더 많은 고객이 행복하기를 바란다.

수많은 고객이 우리가 만든 목걸이를 걸고 거울을 볼 때마다 느끼는 만족감이나 행복은 하루에도 수십 번, 혹은 수백 번이 될 테고, 그럼으로써 나도 수십 번, 수백 번의 행복감을 함께 느낄 수 있다면 그것으로 족하다.

2장

무일푼 청년에서
1000억대 자산가로

서른여덟 살이 될 때까지 나는 생존 자체가 가장 큰 문제였다. 나의 어린 시절은 '어떻게 하면 먹을 것을 찾을 수 있을까' 하는 데 삶의 초점이 맞춰져 있었고, 10대 시절에는 내일까지 살 수 있을지 없을지도 모르는 생의 갈림길을 헤맸다. 멀건 풀대죽도 먹을 수가 없어서 몇 끼를 굶었는지 셀 수도 없던 어느 날 '이제 곧 죽겠군' 하고 생각했던 것을 지금도 뚜렷하게 기억하고 있다.

끼니를 걱정하던 청년,
시계방을 열다

"사장님, 궁금한 게 있습니다."

우리 직원들은 평범한 사람들이 볼 때 기행에 가까운 나의 여러 가지 행동을 바라보면서 원하든 원치 않든 내 가치관을 함께 실천해왔다. 그렇게 나와 오랫동안 같이 지낸 사람들이지만 꽤나 어처구니없고 이해할 수 없는 나의 행동들도 있었을 테고, 당연히 나의 진심에 대해 궁금한 것도 많았을 것이다.

"일을 처음 시작하실 때부터 잘될 거라고 믿었습니까?"

'잘될 거라고 믿어본 적이 있느냐고?' 나는 그 대답을 하기 전 잠시 생각에 잠겼다. 일을 시작할 때는 잘될 것이다, 안될 것이다 그런 생각 자체를 해본 적이 없었다. 어렸을 때는 '살아남는 것'이 하루를 사는 가장 큰 목표였고, 그래서 돈 버는 데 몰두했으니 잘되리라고 생각할 겨를도 없었다. 그러나 가치관을 완전히 바꾸는 사건을 겪은 뒤로는 잘될 것이라는 점을 의심해본 적이 없었다.

서른여덟 살이 될 때까지 나는 생존 자체가 가장 큰 문제였다. 나의 어린 시절은 '어떻게 하면 먹을 것을 찾을 수 있을까' 하는 데 삶의 초점이 맞춰져 있었고, 10대 시절에는 내일까지 살 수 있을지 없을지도 모르는 생의 갈림길을 헤맸다. 멀건 풀대죽도 먹을 수가 없어서 몇 끼를 굶었는지 셀 수도 없던 어느 날 '이제 곧 죽겠군' 하고 생각했던 것을 지금도 뚜렷하게 기억하고 있다. 스스로 먹을거리를 찾지 않으면 가족들이 모두 굶어 죽을 정도였다. 그러다 보니 각자 살기에도 바빠 내 고민을 누구에게도 털어놓을 수 없었다.

혼자서 어려움을 이겨내려고 안간힘을 쓰다 보니 외롭고 무서웠으며, 그런 인생 앞에 놓인 내 처지가 너무나 슬펐다. 일을 해도 되고 안 해도 되는 상황이 아니라 살 수만 있다면, 먹을 수만 있다면 힘들고 안 힘들고 따위를 생각할 형편이 아니었다. 어떤 일이라도 해야 했다. 일하다가 죽는다? 이러다 죽으나 저러다 죽으나 죽기는 매한가지였으니, 일하다 죽는 것도 두렵지 않았다.

행복이라는 단어는 내 삶에 없다고 생각했고 오직 먹고 살기 위해서, 다시는 굶지 않기 위해서 미친 듯이 일했다. 열심히 일하지 않으면 먹을 수가 없었고, 살 수만 있다면 무슨 일이든 해야 했다. 선택의 여지는 없었다. 어떻게 해서라도 돈을 벌어서 절대 굶어 죽지 않겠다고 다짐했다.

그렇게 농사를 비롯해 닥치는 대로 일을 하며 겨우 끼니를 해결하다가, 열일곱 살에 울산의 미도백화점에 점원으로 들어갔다. 어린 나이에 견디기 힘든 상황들을 참아가며 일을 했고, 1년쯤 지나서야 첫 월급을 받았다. 지금 같으면 고용노동부에 신고할 법한 일이지만, 그때는 그저 먹을거리를 해결할 수 있다는 것만으로도 감지덕지했다.

이후 백화점 근처에 있는 시계방을 보면서 시계 기술을 익히고 싶다는 생각을 했고, 스무 살이 되던 해에 아는 분의 소개로 '고려당'이라는 시계방에서 근무하게 되었다. 근무 조건은 내가 먹을거리를 전부 제공하고 그 대가로 기술을 배우는 것이었다. 쌀과 콩, 김장 재료로 쓰일 고추와 마늘 등을 모조리 사장님에게 제공했다. 오늘날 인턴 사원들이 입사해서 기본 급여를 받는 것과는 전혀 다른 세상의 일이었다. 기술을 알려주는 학원도 없었고, 아무에게나 기술을 가르쳐주는 시대도 아니었다. 기술을 배우려면 그만큼의 대가를 지불해야만 했다.

뿐만 아니라 일이 끝나고 잠잘 곳도 마땅히 없었다. 시계방 진열장 뒤 의자를 놓고 손님을 응대하던 조그만 공간이 밤이면 침실로 바뀌었다. 찌는 듯한 여름이건 살을 에는 듯한 추위의 겨울이건 의자를 치운 한 평 남짓한 공간에 목침대를 놓고 간신히 몸을 누이고는 눈을 붙였다.

너무나 힘들었지만 그런 생활을 견딜 수 있었던 것은 신기하게도 일을 시작한 첫날의 경험 때문이었다. 사장님이 큰 벽걸이 시계를 조립하는 과정을 지켜보니 나도 할 수 있을 것만 같았다.

"사장님, 제가 한번 해보면 안 되겠습니까?"

"이게 보는 것만큼 쉬운 일이 아니야."

그러나 처음 해보는 일이라고 말하기도 무색할 만큼 별로 어렵지 않게 시계를 조립해버렸다. "너 어디서 배웠구나" 하고 사장님이 오해할 정도였고, 나 스스로도 이 일에 소질이 있는 것같이 느껴졌다.

이후로 큰 시계를 수리하는 일은 내 몫이었다. 저녁때 가게 문을 닫는 즉시 시계방에 있는 헌 시계를 붙잡고 분해와 조립을 거듭해보기 시작했다. 시계가 작동하는 원리를 꼼꼼히 이해하려고 노력했고, 3개월 뒤에는 부품이 정밀한 손목시계까지 분해하고 조립할 수 있게 되었다. 밤낮없이 시계 원리를 깨우치기 위해 노력한 덕분이었을까. 6개월 만에 고려당에 맡겨진 시계들은 모조리 내가 맡아서 수리할 정도가 되었다. 그 당시에는 시계를 뜯어서 보기만 해도 부속품을 조립하는 과정이 머릿속에서 차례대로 그려질 정도였다.

고려당을 시작으로 이후 여러 시계방을 거치면서 기술을 더 익히고 돈도 조금씩 모아갔다. 그러다 1963년, 스물두 살의 나이에 경북 영천에서 내 명의로 된 '신시당'이라는 첫 가게를 열었다. 시계를 수리하는 일만큼은 대한민국에서 제일 잘할 수 있을 것 같은 자신감이 있었다.

그렇게 조금 살 만해지자 나는 내 인생에 대해 고민하기 시작했다. 그전까지 나의 가장 큰 관심사는 '쉰 살까지 살 수 있다면 그때까지 굶어 죽지 않을 일이 무엇일까?'였다. 그러다 점차 인생의 큰 방향을 정하고 나아가려는 계획을 세우기로 한 것이다. 어렸을 때 농사를 지으면서 농사 일기를 쓰거나 나름대로 계획을 세워서 일을 해보기도 하였으나, 이때야 비로소 진지하게 내 미래를 생각해보기 시작했다.

나는 이때가 정말 중요한 시기였다고 생각한다. 그리고 누구나 한 번쯤 이처럼 자신의 인생에 대해 진지한 고민을 해보기 마련이다. 고민을 할 때는 자신을 돌아보면서 '나의 재능은 무엇인가? 어떤 소질을 갖고 태어났는가?'라는 질문을 던진 후 앞으로 어떤 쪽으로 진로를 정해야 일하면서 짜증을 내지 않고 힘든 순간도 견딜 수 있을지 고민해봐야 한다. 평생 재미있게 일하는 것이 가장 중요하기 때문이다.

재미가 있다는 것은 무슨 말인가? 타인에게 기여를 한다는 뜻이다. 타인에게 기여하지 않고 재미를 느낄 수 있는 일은 거의 없다. 기여를 많이 할수록 재미도 더 많이 느낀다.

그러자면 다른 사람들에게 인정을 받으면서도 자기가 평생 좋아할 수 있는 일이 무엇인지를 관심 있게 봐야 한다. 남한테 기여를 못 하고 욕을 들어먹는 것, 그러면서 행복한 일은 없다. 우선 자신에게 어떤 체력적 재능과 정신적 능력이 있는지를 살펴봐야 한다. 축구선수가 되고 싶은데 재능과 능력이 없다면 나른 선택을 해야 한다.

도쿄대 교수 혼다 세이로쿠는 《나의 인생계획》이라는 책에서 다음과 같이 말했다. "설계도 없이는 아무리 노련한 건축가라도 훌륭한 집을 지을 수 없듯이 잘 세워진 인생계획 없이는 누구도 훌륭한 인생을 살아가기 어렵다. 인생계획이야말로 삶을 충실하게 만들고 행복하게 해주는 유일한 나침반이다."

지금도 점점 더 어려워지는 세계 경제 상황에서 힘든 삶을 살고 있는 많은 청춘들을 볼 수 있다. 하지만 세상이 어렵다는 핑계로 약해지거나 스스로 진화할 수 있는 기회를 차버리고 있다면, 앞서 말한 '타인에게 기여가 되는 일'을 가장 먼저 찾아보길 권한다. 당장은 와 닿지 않겠지만, 어느 순간 인생이 좋은 방향으로 나아가고 있다는 것을 깨닫게 될 것이다.

전 재산을
잃어버리다

시대별로 사람들이 공통적으로 갖고 싶어 하는 물건이 있다. 가령 오늘날에는 노트북이나 아이패드쯤일 수도 있다. 1960년대에는 그런 물건 중 하나가 바로 시계였다. 여러분의 기억 속 거실 한쪽 벽면에 커다란 벽시계가 걸려 있다면 아마 꽤 사는 집이었을 것이다. 30가구로 이루어진 한 동네에 벽시계가 하나 있을까 말까 하던 시절이었다. 그러니 손목시계는 구경조차 하기 힘들었다. 부유층에서 손목시계를 간간이 사용하기 시작한 것도 아마 1970년대 초반부터였을 것이다. 이 시계들은 6·25전쟁 때 미군들이 차고 들어온 손목시계를 팔고 가면서 유행이 되었다.

시계는 갖고 있기만 해도 다 팔 수 있는 시절이었다. 그 당시 도시에서는 "헌 시계나 고장 난 시계 삽니다"라고 외치면서 동네를 돌아다니는 상인들을 심심찮게 볼 수 있었다. 이들은 동네마다 사 모은 시계 중 크게 문제가 없는 것은 고쳐서 되팔고, 완전히 망가진 시계는 부속품을 재활용해서 다른 시계를 고치는 데 사용했다. 부속품 몇 개를 팔아서 시계 가격을 벌기도 했으니, 시계를 조립하고 분해하는 기술을 익히는 것이 그 시대의 트렌드였다.

사실 내가 처음 창업한 곳은 말만 시계방이었지 고장 난 시계를 고쳐주는 수리점에 더 가까웠다. 손바닥만 한 점포였지만 손님들이 맡긴 시계를 내 것이라 생각하고 정성껏 고쳤다. 맞는 부품을 구할 수가 없어도 어지간한 것들은 직접 깎아서 수리를 할 수 있었다. 고치는 시간이 오래 걸리지 않으면 손님들이 옆에 앉아서 수리하는 것을 구경하기도 했는데, 그때마다 무척 신기해했다.

"사장님이 고치는 걸 보고 있으면 저도 할 수 있을 것만 같네요. 너무 수월하게 고치시는 것 같아서요."

"이거 제 시계 아닙니까."

"네? 무슨 말씀이세요?"

"아…… 저는 시계를 고치는 순간만은 제 것이라고 생각하고 고칩니다. 하하."

이때의 마음가짐이 이후에 목걸이를 만들면서 '가장 사랑하는 사람에게 선물하듯 제품을 만들자'라는 생각으로 자연스레 이어진 것이 아닐까 한다.

시계를 고치는 사람이 손님의 시계를 자기 시계라고 생각하고 고친다는 발상이 재미있었던지, 수리를 맡기는 손님이 꽤 많았다. 나는 수리를 해서 돈이 생기면 그 즉시 시계를 샀는데, 1년 만에 약 70개를 모았다. 하지만 생각보다 많이 모인 시계를 어떻게 관리해야 할지는 전혀 몰랐다. 무식한 방법이었지만, 일이 끝나고 나면 시계를 시계박스에 담아 집으로 가져와서 방바닥에 깔고 담요를 덮어 그 위에서 잠을 잤다. 그러던 어느 날이었다.

"이 집에 뭐 없어진 거 없소?!"

창문을 요란하게 두들기는 소리에 놀라서 깨어보니 누군가 잃어버린 게 없느냐고 다급히 물었다. 본능적으로 담요 밑에 손을 넣자 시계박스가 감쪽같이 사라지고 없었다.

나를 깨운 사람은 오늘날로 치면 자율방범대원 같은 분이셨는데, 우리 집에서 누군가 황급히 나오는 것을 보고 따라가 보았지만 놓쳤다고 했다.

집 안을 둘러보니 시계뿐만 아니라 집에 있던 옷과 신발까지 모조리 싹 쓸어가 버렸다. 나는 어떻게 해서든 찾아야겠다는 심정으로 15분 정도 걸리는 경찰서까지 맨발로 뛰어갔다.

경찰서에 앉아서 자초지종을 말하고는 반대편 거울을 보자

그제야 정신이 들었다. 민소매 셔츠와 팬티는 내가 입고 자는 바람에 차마 못 가져갔고, 세탁하기 위해 구석에 처박아놓은 반바지는 아마도 못 본 듯했다. 그것까지 훔쳐갔다면 팬티 바람으로 경찰서에 왔을 뻔했다. 꼬깃꼬깃하게 구겨진 반바지를 대충 걸치고 맨발로 앉아 있는 모습이 가관이었다.

'하아, 이럴 수가…… 이럴 수가…… 어떻게 하나도 안 남기고 다 가져갈 수가 있지? 나쁜 놈 같으니.'

1년간 열심히 일해서 모은 70여 개의 시계는 내 전 재산이었다. 그걸 한순간에 홀랑 다 뺏긴 것이다. 나는 세상이 무너지는 듯했다.

게다가 무언가를 잃어버린 경험이 있는 사람은 잘 알 것이다. 잃어버린다는 것은 물건의 가치 여부를 떠나서 소유하고 있던 그 자체가 없어진 데 대한 상실감, 허탈감, 정신적 충격이 상당히 크다. 특히 나의 경우 시계 하나하나에 힘든 순간과 좋은 추억까지 깃들어 있어 더 많은 의미가 있었다.

허탈한 마음은 이루 다 말할 수 없었다. '여기서 실망하고 포기할 것인가, 다시 시작할 것인가?' 고민이 되었다. 하지만 좌절감에 일을 놓고 신세한탄을 해봤자 나아질 것은 아무것도 없다는 생각이 들었다. 그러니 아무리 속이 상해도 여기서 흔들리면 안 되었다. 경찰서에 신고를 하는 것으로 내 할 일은 끝났으니, 이제는 어떻게 재기할 것인지를 고민해야 했다.

시계를 수리하러 오는 손님은 그대로 고쳐드리면 된다. 문제는 시계를 사러 오는 손님들이었다. 그들을 위해 시계를 준비해둬야만 했다. 나는 돈을 빌릴 곳을 생각하다가 고민 끝에 고향의 형님을 찾아갔다. 형님은 동생이 사업을 시작해서 마음속으로 자랑스러워하고 대견해하고 있었는데, 불과 1년 만에 다 털리고 알거지에 가까운 신세가 된 사실을 알고는 무척 안타까워하셨다. 결국 농사짓기 위해 사놓은 송아지를 팔아서 돈을 마련해주셨고, 그 돈으로 나는 처음부터 다시 시작할 수 있었다.

도둑맞았을 때 꽤 충격을 받은 탓인지, 이후로 한동안 새벽에 인기척이 들리면 일어나서 바깥을 둘러보고 다시 잠들곤 했다. 당시 하루 종일 일하고 집에 돌아오면 녹초가 될 정도로 피곤했는데도 그랬다.

그런데 그로부터 1년 후, 또다시 도둑을 맞았다. 믿을 수가 없었다. '어떻게라도 살아보겠다는 사람에게 세상은 어찌 이리도 잔인할 수 있을까?' 하는 생각이 들며, 속이 부글부글 끓고 억울한 마음이 솟구쳤다. 아무것도 할 수가 없어서 나는 시계방에 나와 시간이 가는 줄도 모르고 멍하게 앉아 있기만 했다.

그렇게 얼마나 앉아 있었을까. 오후에 손님이 시계 수리를 하러 왔는데 문득 이런 생각이 들었다. '나를 보러 오는 손님이 있고 내가 일하는 곳도 아직 여기 그대로 있다. 시계를 수리하는 기술을 훔쳐간 것도 아니니 결국은 내 작은 일부를 가져간 것뿐

이다. 나는 다시 일어서면 된다. 나는 죽지 않는다.'

1년 만에 다시 고향으로 내려갔다. 하지만 또다시 도둑을 맞았다는 소리는 못하고, 그렇다고 집에 돌아가지도 못하면서 그냥 시간만 보냈다. 당시 담 하나를 사이에 두고 큰집과 작은집이 붙어 있었는데, 어느 날 큰집에 계시던 사촌형님께서 나를 부르셨다.

"재호야, 니 무슨 일 있재? 니가 하루 이틀도 아니고 사흘 동안이나 안 가고 집에 있는 걸 보니 틀림없이 무슨 일이 있데이. 어여 털어놔봐라."

결국 다시 도둑을 맞았다고 말씀드렸다. 그러자 사촌형님은 아무 말도 하지 않고 나가더니 형님을 불러오셨다.

"재호가 다시 도둑을 맞아서 아무것도 못하고 있단다. 도움이 필요할 것 같으니 함께 고민을 해보자." 그러고는 형님과 함께 이 동네 저 동네 다니면서 돈을 구해주셨다.

마치 집어삼키려는 듯한 파도 위 낭떠러지에서 밧줄 하나 간신히 붙잡고 버티는 심정이었다. 너무나 힘들었지만, 형님들이 이렇게 애써주시는데 정신을 잃고 밧줄을 놓을 수는 없었다. 나는 우왕좌왕하지 않고, 지금 이 순간 어떻게 하는 것이 내 앞날에 가장 유리할지, 그 생각만 좇았다. 그러고는 세 번의 실수를 하지 않기 위해 철두철미한 노력을 하기 시작했다.

나는 금고를 생각해냈다. 웬만한 전문가가 손을 써도 열지 못할 특수금고를 구했다. 그런데도 안심이 되지 않았다. 특수금고라지만 주문 제작이 아니다 보니 똑같은 제품이 수백 개씩 판매되고 있었다. 설사 나를 위한 열쇠가 단 하나밖에 없다고 해도 당시의 나로서는 믿을 수가 없었다. 그 열쇠조차도 누군가가 만든 게 아닌가. 열쇠의 비밀을 나 아닌 적어도 다른 한 명은 알고 있다는 것이었고, 그게 싫었다.

그래서 나는 전문가가 만든 금고를 튜닝해서 새로운 자물쇠를 만들었다. 손바닥 만한 자물쇠 뭉치를 떼서 조작하고 그에 맞는 열쇠를 다시 만들어낸 것이다. 지구상에 나만 가지고 있는 열쇠인 셈이었다. 예를 들어 자물쇠에 걸리는 열쇠 모양이 손가락 다섯 개를 구부린 C자 같은 모양이라면 나는 그 손가락 중 검지와 중지를 조금 치켜든 모양으로 변형을 한다든지 했다. 그건 자물쇠를 분해해서 원리를 알면 웬만한 사람은 할 수 있는 일이었지만, 나와 똑같은 패턴으로 만들 수는 없을 것이라 생각하니 조금은 안심이 되었다.

그 후로는 도둑을 맞지 않았다. 나는 이 일을 통해 어떤 경우도 내가 변하면 된다는 것을 깨달았다. 적응해야 하는 것이다. 나는 도둑을 탓할 것이 아니라 도둑맞을 환경을 만든 나를 탓해야 한다고 생각했다. 이후에도 어려운 일에 맞닥뜨리면 나의 능력을 키우기 위한 미션을 받은 것 같은 기분이 들었고, 그래서 그 상황을 포기하는 것이 아니라 오히려 더욱더 기운을 내서 문제점에 몰두하곤 했다.

사실 똑같은 일을 두 번 당했을 때는 '아, 사람은 각자 타고난 운이 있다던데 내 운은 여기까지인가?'라는 생각이 스치기도 했다. 하지만 운이 있다면 그건 자기가 만드는 것이지, 타고나는 것은 아니라고 믿고 있다. 설령 타고나는 것이라고 해도 스스로 노력하지 않으면 모르고 지나가게 되는 것이다.

그러니 세상이 무너지는 듯한 힘겨움과 싸우고 있더라도 자신을 잃어버리는 선택은 하지 않아야 한다. '타고난 운이 여기까지인가'보다 하고 좌절했더라면 지금의 이야기도 시작할 것 없이 난 그때 이미 끝나버렸을 것이다.

서른여덟,
60억을 벌다

        액땜이었을까. 두 번의 도둑을 맞은 후 장사는 점점 잘되기 시작했고, 4년 뒤인 1967년에는 부산으로 터를 옮겨 '황금사'라는 시계소매점을 창업할 수 있었다. 당시 내가 자리를 잡은 곳은 범천동이었는데, 지금도 그렇지만 범천동은 오래전부터 귀금속 상가가 밀집해 있는 지역이다.

    시계소매점이라고는 하지만 영천의 시계방보다도 훨씬 작은 크기의 가게였다. 그마저도 두 개의 점포로 나누어 썼다. 한쪽에서는 누군가가 금방을 하고 있었고, 다른 점포가 내가 운영하는 시계점이었다.

    이 작은 시계점조차도 둘로 나누어서 썼는데, 출입구 쪽에는 수리를 겸한 시계포를 열어두었고, 안쪽은 최소한의 살림살이를 들여놓고 숙소로 사용했다. 영천과 부산은 가게 월세부터 차이가 났기 때문에 그런 열악한 환경 속에서 시작할 수밖에 없었다. 그러나 역시 부산은 영천과는 다른 도시임이 분명했다. 점포는 작고 보잘 것 없었지만 수입은 영천보다 훨씬 좋았다.

그렇게 부산에 정착할 무렵, 금방을 하던 사람이 다른 곳으로 가게를 옮겼다. 나는 금방 자리에 욕심이 생겼다. 원래 시계점과 금방은 대체로 함께 운영되었다. 둘 다 혼수용품으로 동시에 장만하는 제품이었고, 워낙 고가여서 귀한 대접을 받았기 때문에 응당 함께하는 것인 양 여겨졌던 것이다.

그런 사실을 알면서도 내가 시계방만 해온 것은 시계 수리만으로도 시간이 부족했고 너무나 재미있었기 때문이다. 게다가 금방을 하려면 금과 은 같은 귀금속을 다루어야 하는데 내가 그것을 잘할 수 있을지 의문도 들었다. 하지만 막상 자리가 생기자 나는 돈이 되건 안 되건 비어버린 금방에 물건을 채워놓고 시계점과 함께 운영하기 시작했다.

금방 사업은 시장의 변동에 따라 다소 리스크가 있긴 했지만, 수입 면에서 보자면 시계점보다 좋았다. 게다가 당시는 우리나라의 금 수요가 늘어나던 시기였기에 전망도 좋았다. 이때부터 나는 금방과 시계점을 갖춘 제법 그럴 듯한 사장님이 되었다. 사업은 잘되었고, 시간이 흐르면서 주 종목을 시계보다는 금방 쪽으로 서서히 바꿔갔다.

하지만 당시 나는 돈이 벌리든 벌리지 않든 늘 고통스러웠다. 돈을 번 날은 내 뒤에서 쫓아오는 사람들이 걱정되었고, 돈을 못 번 날은 내 앞을 달려가는 사람들로 마음이 불안했다. 눈을 떠서 하루도 고통스럽지 않은 날이 없었다.

가난은 자존감을 낮출 뿐만 아니라 언제 벗어날지 알 수 없는 그 막연함 때문에 무서운 것이다. 굶어 죽지 않겠다고 한 그 다짐을 스스로에게 증명해 보이고 싶었을까? 아니면 가난이 너무 무서워서 정신없이 도망치듯 달리기만 하고 있었던 것일까? 나는 이를 악물고 인생을 버티듯 밤낮으로 일을 했다. 결혼한 뒤에는 자식들에게 절대 이 가난을 물려주지 않겠노라고 결심하고 더욱 독하게 일을 했다.

독한 마음이 통했을까? 시계점과 금방을 동시에 운영하면서 1977년이 되자 30억 정도를 벌었다. 그즈음 부동산에 대한 정보를 얻으면서 모든 사업을 정리하고 부동산에 뛰어들어 2년 만에 다시 그만큼의 돈을 벌었다. 돈을 그렇게 많이 벌면서 나는 쉽게 돈을 번다는 것이 두려워졌다. 인생을 바꾼 나의 가치관을 만나지 못했더라면 사사로운 이익을 좇느라 폭주 기관차처럼 앞으로 달리기만 했을 것이다.

돈은 내가 쓸 수 있는 것보다 훨씬 많이 벌었지만, 여전히 미친 듯 일하며 나를 채찍질하다 보니 몸도 마음도 피폐해졌다. 하루라도 일을 하지 않으면 죽을 것 같은 강박관념에 빠져있었기 때문에 일을 하는 것이 너무나 힘들었지만 하루도 쉬겠다는 마음을 가진 적이 없었다.

그렇게 지내던 중 1979년 2차 오일쇼크가 일어났다. 이란의 석유 수출 정지에 따라 세계 경제가 불황을 겪으면서 우리나라도 심각한 경제적 타격을 입게 되었다. 1970년대 중반 이후 우리나라는 중화학 공업이 중점 육성되면서 석유 의존도가 그만큼 높았다. 새벽부터 주유소마다 자동차뿐만 아니라 사람들까지 기름통을 들고 길게 늘어서 있었다. 가로등도 꺼져 어두웠던 밤거리는 당시의 국가적 위기 상황을 그대로 보여주는 듯했다. 내 나이 서른여덟 살이 되던 해였다.

그때까지 일을 하면서 항상 입버릇처럼 되뇌이던 말이 '하루만 쉬었으면 좋겠다'였다. 그러던 차에 세계 경제까지 안 좋아지자 나는 뭔가 좋은 핑곗거리를 찾은 듯했다. '그래, 이 불황이 하루 이틀 사이에 끝날 문제도 아닌 것 같으니, 이참에 나도 한번 쉬어야겠다. 뭐, 이왕 쉬는 거 지금까지 못 쉰 것까지 포함해서 1년 정도는 쉬어야 하지 않겠어?'

나는 나에게 1년간의 휴식을 선물해주기로 했다. 쉰다고 생각하니 마냥 기분이 좋아졌다. 다음 날부터 가장 가고 싶었던 곳들을 찾아다니기 시작했다. 밤늦게 들어와서 자고 싶은 만큼 실컷 자기도 했고, 얼마나 잤는지 놀라서 벌떡 일어났다가 출근을 안 해도 된다는 생각에 너무 신나서 다시 누워 잠을 청하기도 했다. 행복했다. 정확히 말하자면 행복한 한 달이었다.

한 달쯤 지나자 재미가 없어지기 시작했다. '이게 정말 진정한 행복인가?' 생각보다 빨리 재미가 없어진 데 대해 내심 놀랐다. '아니야, 아직 내가 모르는 게 있을 수도 있어. 조금 더 있다보면 더 큰 재미를 알게 될지도 몰라.' 그런 생각으로 약 3개월을 더 놀았다. 하지만 점점 일하고 싶은 생각이 놀고 싶은 생각보다 먼저 들기 시작했고, 그다음부터는 미칠 것 같았다. 그래도 1년 동안 쉬기로 한 나와의 약속을 지키기로 했다. 다만 아침에 날이 밝으면 부산 금정산에 매일 등산을 가는 것으로 출근할 때와 같은 규칙적인 생활을 하기로 했다.

등산은 참 좋은 결정이었다. 나는 선천적으로 튼튼한 체력과는 거리가 멀어서 산을 오르내리는 일이 거의 없었다. 그때 왜 갑자기 등산을 시작했는지는 모르겠다. 그냥 어느 날 아침에 문득 등산이 하고 싶다는 생각이 들었던 것 같다. 아침을 먹고 올라가서 저녁을 먹을 때쯤 내려오고, 그 사이에는 산 정상에 하염없이 앉아서 지나다니는 사람들을 쳐다보며 시간을 보냈다.

그렇게 지내다 보니 차츰 나에 대한 생각을 하기 시작했다. 그 생각은 '나는 왜 살고 있는가? 나는 왜 일을 하는가? 지금껏 살아온 나의 인생은 어떠했으며, 앞으로 남은 인생을 어떻게 살아야 가장 값진 삶이 될 것인가?'라는 식으로 점점 커져만 갔다. 생각을 하면 할수록 답답한 느낌이었다. 누군가가 나에게 답을 주기를 매일 간절히 기도하면서 산을 돌아다니는 게 일상이었다. 답을 찾지 못할 때는 생각을 멈추고 멍하게 앉아서 모든 잡념을 떨쳐버리려 애썼다. 하지만 그렇게 며칠이 지나도 답은 쉽게 나오지 않았다.

내 인생을 바꾼
산사에서의 강연

미국 아이칸 의대 연구팀에 따르면, 휴가 기간 동안 여행을 떠나서 충분한 휴식을 취하면 스트레스가 해소되며 유전자까지 긍정적으로 변한다고 한다. 휴가 중에 명상까지 한다면 분자 수준의 관점에서 심리적인 웰빙 효과가 있다고 한다. 그래서 나는 지금도 휴식이 주는 중요함을 강조한다. 당시의 휴식이 근사한 명상은 아니었더라도, 나에게 심리적 웰빙을 주는 데 충분히 도움이 된 것은 사실이다.

쉬겠다고 하고 8개월 정도 지났을 때의 일이다. 등산을 하며 자주 지나다니는 길목에 절이 하나 있었다. 그곳에서 종종 밥을 얻어먹기도 했는데, 그날따라 사람이 70~80명이나 모여 있는 게 아닌가. 호기심이 생겼다.

알고 보니 사람들은 산사에서의 강연을 기다리는 것이었다. 점심 한 끼는 해결했겠다, 특별히 할 일도 없어서 나는 앉아서 주지 스님의 설법을 듣기 시작했다.

"안녕하십니까? 오늘은 우리가 왜 사는지에 대해서 한번 이야기해보려고 합니다."

첫마디를 듣고 나의 호기심은 극에 달했다. 가슴이 두근거렸고, 여기서 답을 구할 수 있을지도 모르겠다는 생각이 들었다.

어느 중생이 지장보살님에 이끌려 극락과 지옥을 번갈아 가 보았답니다. 이 중생이 생각하기에 극락은 휘황찬란하고 지옥은 불구덩이에 아비규환일 줄로 알았는데, 막상 가보니 양쪽이 다를 바가 하나도 없는 게 아닙니까? 다른 것이 있다면 극락 사람들은 모두 얼굴에 윤기가 나서 복스러워 보이는 반면 지옥에 있는 사람들은 하나같이 피죽 한 그릇 못 먹은 얼굴로 피골이 상접해 있더라는 겁니다. 왜 그랬을까요?

가만 보니 밥때가 되어서 밥을 먹는 모습이 다른 겁니다. 극락에서나 지옥에서나 똑같이 팔 길이보다 훨씬 긴 밥숟가락을 하나씩 주는데, 극락 사람들은 그 긴 숟가락을 가지고 서로 떠먹여주는 반면 지옥에 있는 사람들은 그 숟가락으로 오로지 자기 입에만 퍼넣으려고 하더라는 것입니다. 그러니 어떻겠습니까? 극락 사람들은 서로 먹여주다 보니 제때에 밥을 먹어서 윤기가 날 수밖에 없고, 지옥에 있는 사람들은 밥을 다 흘리고 버려서 결국 쫄쫄 굶을 수밖에 없었겠지요.

무릇 중생들이 사는 이치도 이와 다르지 않습니다. 내 입이 아닌 남의 입, 나를 위한 마음이 아닌 남을 위한 마음. 이것이 곧 나를 살리고 이 사회를 살리는 길입니다.

'맞다. 바로 저것이다!'

설법을 듣고는 뒤통수를 세게 맞은 듯 멍해져서 정신없이 절을 나서는 바람에 어떻게 산을 내려왔는지도 모르겠다. 오랜 시간을 들여 고민해온 삶의 가치관에 대한 의문이 한순간에 해결되는 느낌이었다.

'이제까지 살아오면서 많은 일을 하는 동안 나는 왜 이런 생각을 못했는가? 내가 하던 일이 결국은 남에게 기여하기 위해 안간힘을 쓰며 노력하는 과정이었구나. 남에게 도움이 되는 삶을 살아야 한다. 당연하게 여겨온 단 하나의 가치, 돈을 벌기 위한 삶이라는 것부터 크게 잘못됐구나.'

우리는 결국 남을 돕기 위해 사는 것이다. 내 이익을 우선하면서 살 것이 아니라 기여가 먼저라고 생각하고 사는 것이 진리다. 남에게 기여가 되어야 한다. 밥을 떠서 내 입이 아니라 남의 입에 넣어주어야 한다. 그럼 내 입에도 들어오게 되어 있다. 법당에 앉아 있던 사람들은 어땠는지 모르겠지만 내게는 그 이야기가 너무나도 명쾌하게 와 닿았다.

이후 나는 내가 일을 하는 이유를 명확히 깨닫게 되었고, 남에게 어떤 도움이 될 수 있을지 그것만 생각했다. 그 가치관은 내가 다시 일을 시작하는 데 큰 원동력이 되었다. 스님의 설법을 듣고 나서도 꾸준히 등산을 다녔다. 몸은 놀고 있었지만 가슴은 뜨거웠고 정신은 맑아졌다. 타인을 위한 삶이라는, 존재의 이유를 발견한 데 따른 설렘으로 가슴이 뜨거워졌고, 남에게 도움이 될 수 있는 일을 생각하는 동안 나의 장점을 발견했기에 정신이 맑아졌다.

때로는 말 한마디 글귀 한 줄이 평생을 살아가는 큰 힘이 되기도 한다. 그때부터 나에게 던지는 질문은 '어떻게 하면 돈을 많이 벌 수 있을까?'에서 '어떻게 하면 사람들에게 도움이 될 수 있을까?'로 완전히 바뀌었다.

홀가분해진 마음으로 나는 1년 동안의 휴식을 만끽했다. 나에게는 다시 일을 할 수 있는 원동력이 생겼고, 따라야 할 가치관과 목표가 생겼다. 1년 만에 나의 모든 생각이 바뀐 것이다.

'나는 어떤 일을 제일 잘하는가?'

'무엇을 할 때 나의 능력을 가장 잘 발휘할 것인가?'

나는 가장 먼저 나 자신을 객관화해서 바라보았다. 내 능력과 재능을 어디에 투자해야 많은 사람한테 도움이 될 것인지를 고민했다. 그리고 모든 가치 기준을 거기에 두었다. 좋아하는 일보다는 잘하는 일을 파악해서 시간을 투자하기로 했다. 좋아하는 것과 잘하는 것이 일치한다면 더할 나위 없이 좋겠지만, 두 가지가 다르다면 '잘하는 것'을 선택해야 한다고 생각했다. 좋아하는 것을 하면 수혜자가 '나'이지만, 잘하는 것을 하면 수혜자가 '나'를 포함한 많은 사람이 될 수 있기 때문이다. 그리고 잘하는 일은 즐겁고 재미있다. 즐겁고 재미있다는 것은 타인에게 기여할 수 있는 가장 좋은 조건이 된다.

하기 싫어서 마지못해 하는 일은 오래할 수 없고, 기여도가 그만큼 떨어지게 마련이다. 또한 단순히 좋아서 하는 일은 능률과 별개일 수 있다. 능률은커녕 자신을 갉아먹기만 할 수 있다. 예를 들어 '술을 계속 마시면 즐겁지만 술을 안 마시면 고통스럽다'라고 한다면 술 마시는 즐거움을 포기해야 한다. 술을 계속 마시면 많은 것을 잃고 결국 폐인이 된다. 즐겁다고 해서 무조건 따라갈 수는 없는 일이다. 반면에 계속 즐겁지는 못하고 고통이 있지만 그 고통을 참아냄으로써 크게 기여할 수 있다면, 며칠 혹은 몇 년이 걸릴지 몰라도 참고 견디면서 고통 자체를 즐거움으로 바꿀 수 있어야 한다.

지금까지 내가 살아본 바에 의하면, 눈앞의 일이 고통스럽더라도 앞으로 좋아지는 것이 확실하다면 두말할 필요도 없이 그 고통을 감수해내야 한다. 눈앞의 고통을 피하고 순간의 즐거움을 좇다 보면 마지막에 이르러 피할 수도 견딜 수도 없는 더 큰 고통을 맞이하게 되기 때문이다. 고통이 오더라도 즐거움으로 바꾸려고 노력하면 인생도 바뀌게 되어 있다.

부산 시내의
금을 사 모으다

'나는 어떤 일을 제일 잘 하는가?'라는 물음에 대한 답을 찾는 데는 그리 오랜 시간이 걸리지 않았다. 이제까지 해온 것이 금방과 시계방이었고, 그 일이 내가 가장 잘 하는 일이었다. 나는 그 즉시 귀금속 시장이 어떻게 돌아가고 있으며 어떤 화두가 있는지 조사해보기 위해 부산 시내를 일주일간 돌아다녔다.

우리나라는 1960년대 후반부터 1970년대 후반까지 경제가 급속도로 성장하면서 모든 것이 빠르게 변화해갔다. 그런 변화의 하나로 금은방이 여기저기 우후죽순처럼 생겨났다. 금방을 하면 돈을 번다는 소문이 돌았고, 그 말을 들은 사람들은 너 나 할 것 없이 금방을 시작했다. 사업가나 월급쟁이도 여윳돈이 생기면 은행에 저금을 하기보다 금방에 가서 순금을 사는 것이 대세였다. 한창 경기가 좋을 때는 금값 오름세가 은행 이자보다 훨씬 높았다.

그러나 1979년 2차 오일쇼크에 따른 불경기가 닥치면서 당장 쓸 돈이 부족한 상황에 이르렀다. 생각보다 심각한 불경기에 돈 쓸 일은 많아졌는데 막상 현금이 없으니 사놓은 금을 팔아야만 했다. 금을 사두면 손해 보지 않는다고 해서 서로 경쟁하듯 많이 사 모았는데 갑자기 되팔려고 하니 사주는 곳이 없어 온 동네가 아우성이었다. 사람들은 금을 사두었다가 팔고 싶을 때는 언제든 팔아서 쓸 수 있을 것이라고 생각했기에 적잖이 당황했다. 그동안 사 모은 금을 되팔기 위해 사람들이 한꺼번에 금방으로 향했다. 금을 팔려고 하는 사람들은 엄청나게 많았지만 금방에서 금을 사주는 데는 한계가 있었다.

"아휴, 우리 집에는 더 이상 금을 살 돈이 없습니다."

"아니, 제가 이걸 팔려고 금방을 찾아다닌 게 여기가 벌써 네 번째인데 어떡해요."

"방금 나가신 분은 어제 윗동네에서 하루 종일 다니셨는데 허탕이셨답니다. 이거 매일매일 정말 큰일입니다."

"오늘은 꼭 팔아서 돈을 마련해야 하는데, 어쩌나……."

대부분의 금방은 영세한 규모였으므로, 하루에 10여 명 정도의 금을 사들이고 나면 나머지 사람들이 아무리 싸게 팔겠다고 해도 사줄 수가 없었다. 그러다 보니 금방마다 팔러 온 손님과 사줄 수 없는 주인의 안타까운 상황들이 이어졌다. 시장조사를 하면서 가장 많이 본 광경은 금방마다 금을 팔려고 하는 손님들이 줄을 서 있는 모습이었다. 아기 돌 반지를 들고 금방 앞에서 팔까 말까 몇 번이나 고민하는 젊은 엄마의 망설임을 보았고, 결혼 예물로 받은 금 열쇠를 팔고 있는 동네 아주머니의 안타까운 눈을 보았다.

'저 많은 사람들이 금을 팔려고 이토록 애쓰는데 누군가는 사줘야 한다. 사람들이 금을 팔아 돈을 쓸 수 있도록 내가 도와줘야겠다. 이게 바로 내가 해야 할 일이다.' 가치관이 바뀌지 않았더라면 '저걸 사서 되팔면 큰돈을 벌 수 있겠군' 하고 생각했을 텐데, 나는 마음가짐이 완전히 바뀌어 있었다.

1977년에 7~8만 원 정도 하던 금값이 이때는 5만 원대까지 떨어져 있었다. 물가상승률은 20퍼센트를 넘어서고 한국전쟁 이후 처음으로 마이너스 성장을 하는 등 사회 전반적으로 삭막하고 혼란스러운 시기였다.

'어떻게 하면 사람들이 마음 놓고 금을 팔 수 있을까?'

나는 여러모로 고민하며 방법을 하나씩 터득해갔다. 고금 분석 방법도 모르고 고금을 사서 어떻게 팔아야 할지도 몰랐지만, 누군가에게 도움이 될 수 있으리라는 기대감은 생각보다 큰 힘을 발휘했다.

고금이란 소비자가 사용하다가 되파는 금을 말한다. 소비자들이 팔고 싶어서 금방에 들고 나온 금반지, 금목걸이, 금팔찌 등이 모두 다 고금에 속한다. 나는 광복동과 남포동 일대에서 금거래가 활발하다는 소문을 듣고는 매입하는 업체를 확인한 뒤 무작정 찾아가서 물었다.

"금을 사줄 수 있습니까? 제가 고금을 사서 갖고 올 수 있는데 싸게 사줄 수 있겠는지요?"

"허허, 고금은 우리도 팔 데가 없습니다."

낭패였다.

"그럼 제가 팔 수 있는 게 뭐가 있습니까?"

"고금에서 불순물을 제거한 99.9 골드바를 가지고 오면 사줄 수 있습니다."

"그건 많이 사줄 수 있겠습니까?"

"예, 그건 많이 사줄 수 있습니다."

그럼 됐다. 하지만 골드바를 만드는 방법이 문제였다. 고금 분석은 또 어떻게 하나? 고금 분석이란 녹인 고금에서 합금된 다른 금속들을 제거하고 99.9퍼센트 이상의 순금을 만드는 과정을 말한다(우리 업계에서는 오랫동안 이 작업을 분석이라고 하였으나, '제련'이라는 표현이 맞을 듯싶다). 이미 고금 분석을 하고 있는 사람들에 비해 나는 한참 후배였고, 방법도 알지 못했다. 부산에서 아무리 수소문을 해도 분석을 가르쳐줄 사람을 찾을 수가 없었고, 어렵게 분석을 하는 사람을 만나도 방법을 알려주지 않았다.

수소문을 하다가 결국 서울까지 가버렸다. 서울에 가르쳐줄 만한 사람이 있다고 해서 가서 배워오기는 했는데, 막상 하려고 하니 생각만큼 잘 되지 않았다.

나만의 방법을 찾는 수밖에 없었다. 고금과 왕수가 담긴 큰 비커(일명 피카)를 모래가 깔린 스테인리스 그릇에 올려놓고 석유곤로로 모래를 가열하는 식으로 작업을 시작했다. 피카에 직접 불이 닿으면 깨질 염려가 있으니, 서서히 가열하기 위한 방법을 나름대로 고민해서 직접 만든 것이었다.

그렇게 고금 분석하는 방법을 스스로 터득했다. 그다음부터는 해가 뜨기만 하면 나가서 어두워질 때까지 하루 종일 금방마다 뛰어다니며 고금을 매입했다. 그러고는 밤새도록 분석 작업을 했다. 고금 분석을 거쳐 골드바가 만들어지면 이튿날 아침 일찍 들고 나가 광복동에 가서 팔고, 거기서 받은 돈으로 다시 금방을 다니면서 고금을 사는 일을 매일같이 반복했다.

처음에는 아내에게 고금 분석 과정을 지켜보게만 했다. 그러다 얼마 안 가 한두 번씩 도와달라고 부탁했고, 결국에는 아내가 작업을 도맡아 하게 되었다. 왕수에 녹인 금은 그냥 물과 같은 액체였다. 이걸 옮겨 담다가 바닥에 쏟거나 피카가 깨지기라도 하면 1000돈가량(약 5000만 원 상당)의 금이 한순간에 없어지는 것이었다. 그러니 노심초사하면서 작업을 할 수밖에 없었다. 금이 녹아 있는 피카와 모래까지 담긴 무거운 스테인리스 그릇을 들고 붓는 일을 혼자서 해냈으니, 아내는 그 일을 하면서 허리가 많이 상해버렸다. 내 가치관을 이해해주고 함께 고된 일을 해주느라 건강을 잃은 아내에게 미안한 마음이 너무나 크다.

생각보다 할 일은 많았다. 하다 보니 혼자서 할 수 있는 일이 아니었다. 나는 사무실을 하나 얻어서 부산 시내 각 지역에 있는 금방과 전당포에 사무실 전화번호를 알려주고 고금을 사 모으기 시작했다. 동시에 부산시 7개 구에서 고금을 매입할 직원들을 한 명씩 뽑아 각 구로 매일같이 외근을 보냈고, 연락을 주고받기 위해 삐삐를 하나씩 사주었다. '황금사'라는 이름으로 사무실 전화번호가 찍혀 있는 스티커를 온 금방에 붙여서 부산 시내에 있는 사람들은 무조건 고금을 팔 수 있도록 했다.

일곱 명의 직원이 부산 시내를 돌며 사오는 고금의 양은 나 혼자 할 때와 비교도 되지 않았다. 그만큼 팔아야 할 사연이 있는 사람들이 많았던 것이다. 저녁 7시쯤 직원들이 사무실로 돌아와서 고금을 주고 가면, 밤 12시는 기본이고 밤새 고금을 태워놓고 새벽 3시쯤 아내가 나가서 마무리를 하는 식이었다.

그 당시 고금 사업은 다른 사람들도 하긴 했지만 그 방식이 나와는 차이가 있었다. 금방에 고금을 팔러 오는 사람들에 한해서 매입을 하거나, 혼자 돌아다니면서 고금을 판다고 하는 사람들이 있으면 그 자리에서 매입을 하는 식으로 구매자와 판매자 간의 일대일 거래였다. 나같이 직원을 두고 사업을 크게 하는 경우는 거의 없었다. 그럴 수밖에 없는 것이 아무래도 금을 만지는 일이다 보니 견물생심이라고 욕심이 생겨 고금을 들고 도망갈 수도 있고, 또한 고금을 매입하는 데 특별한 기술이 필요한 것이 아니어서 돌아다니면서 방법을 조금만 터득하면 본인 장사를 하려고 했으니 쉽사리 사람을 쓸 수가 없었다.

하지만 그때 나는 가치관이 바뀌어 있어서 '니도 할라믄 해라' 하는 마음이었다. 어차피 내가 아닌 다른 그 누가 하든 고금을 팔려고 하는 사람들에게는 도움이 된다는 생각이었다. '돈을 벌려는 것'이 아니었기 때문에 가능한 마음가짐이었다.

고금 장사를 하는 사람들은 주로 돈을 벌기 위해 시작한 일이다 보니 자기 밥그릇을 뺏길까 봐 두려워했다. '고금을 사오라고 시켰는데 그 녀석이 돈만 가지고 도망가버리면 내 손해는 엄청날 거야', '내가 사람을 쓴다면 녀석이 금방 배워서 자기도 고금 장사를 한다고 나가버리겠지' 하는 걱정들 때문에 어느 누구도 함부로 여러 명의 직원을 두고 고금 사업을 할 생각을 못했다.

그러나 나는 목적 자체가 달랐기 때문에 일곱 명의 직원들과 함께 사업을 할 수 있었다. '고금을 산 뒤 이걸 되팔아서 이윤을 남겨야겠다'가 아니라 '돈을 마련하려는 사람들의 고금을 전부다 사줘서 도움이 되어야겠다'는 마음이었다. 이렇듯 상대방의 입장에서 상황을 이해하고 도우려는 마음이 나를 과감하게 행동할 수 있게 했다.

사 모은 금을 분석한 다음 골드바로 만들어서 파는 일은 3년쯤 했다. 이후에는 나라 경기가 회복되면서 고금을 팔러 나오는 사람들도 많이 줄었다. 나는 이 기간 동안 30억을 벌었다. 내가 목적한 대로 많은 사람들에게 금을 팔 수 있는 환경을 만들어주었을 뿐인데, 결과적으로는 엄청난 돈벌이가 되었다. 돈을 벌려는 의도로 시작하진 않았지만 정반대의 결과가 나온 것이다.

아이러니한 일이었다. 돈을 벌고자 일한 사람들보다 남을 돕기 위해서 일한 내가 더 많은 돈을 번 것이다. 더군다나 나는 도움이 되기 위해 일했으니 고금 장사를 하는 내내 떳떳하고 행복하기까지 했다.

이때 나는 똑똑히 경험했다. 돈을 좇는 사람과 남에게 도움이 되고자 하는 사람의 차이가 얼마나 큰지 말이다. 즉, 돈을 벌기 위해 사는 삶은 결코 바른 삶이 아니다. 남을 돕기 위해 사는 삶이 진리다.

정직한 회사는
고객이 먼저 알아본다

나의 가치관을 실천하는 행동 덕목으로 '집념' 못지않게 중요한 것이 '신뢰'다. 그 시작은 고금 사업을 하면서 겪은 어처구니없는 경험에서 비롯되었다.

"18금이 순도 70퍼센트가 채 안 됩니다."

수거한 18K 고금의 함량을 체크하면서 나는 놀라고 말았다.

순금이란 24K라고 하며, 통상 99.9퍼센트의 금 함량을 지켰을 때를 말한다. 18K는 금 함량이 75퍼센트이고, 14K는 58.333퍼센트이지만 편의상 58.5퍼센트라고 한다. 18K와 14K에서 75퍼센트와 58.5퍼센트의 금을 제외한 나머지에는 금제품을 견고히 하기 위해 모합금이 들어간다. 모합금이란 은과 동을 섞은 합금을 말하는데, 이 비율은 제품에 따라 다르지만 체인을 만들 때는 보통 50 대 50이다.

하지만 분석을 하면서 우리나라 제품들은 18K의 금 함량이 70퍼센트가 채 안 된다는 것을 알게 되었다. 지금은 거의 정상에 가까운 수준이지만 내가 고금 사업을 하던 시절 수거한 1980년대 이전 제품들은 그랬다. 이 어처구니없는 일들이 태연히 벌어지고 있었지만 어느 누구도 문제 삼지 않았다.

그래서 나는 이후 이탈리아에서 기계를 들여와 시험 가동을 하면서 만든 실험 제품조차도 순도 77퍼센트가 되도록 합금을 했다. 합금을 하는 과정에서 혹시 오차가 발생한다면 본의 아니게 고객을 속이게 될 수도 있음을 염려한 까닭이다.

18K 제품의 금 함량이 70퍼센트인지 77퍼센트인지 고객은 전혀 알 리가 없다. 모르더라도 리골드는 지금까지도 75~77퍼센트의 함량을 지켜가면서 제품을 만들고 있고 75퍼센트 미만의 제품은 단 하나도 출시하지 않았다. 100만 불, 500만 불, 1000만 불 수출탑을 받는 동안에도 금 함량 때문에 문제가 된 적은 한 번도 없었다.

0.1퍼센트의 차이가 사소해 보여도 실제로는 큰 의미가 있다. 0.1퍼센트 미달되는 제품을 만들자면 시중에 있는 제품을 사다가 적당히 녹여서 쓰면 되지만, 0.1퍼센트 이상 함량을 정확히 맞추자면 전체 제품을 모조리 검사해야 한다. 몇 퍼센트인지 검사해서 금을 더 넣은 뒤에 그 함량을 정확히 맞추도록 제

품을 만든다. 그리고 그 제품이 진짜 함량을 지켰는지 또 검사를 한다. 이 과정이 적어도 이틀가량 소요되고, 그 시간만큼 인건비와 운용비가 발생한다. 그러니 생산 원가에서 당연히 차이가 발생할 수밖에 없다.

당장 함량에서 차이가 나니 가격 경쟁에서 뒤처졌지만, 나는 손해를 보면서도 함량 준수를 포기하지 않았고 스스로에게 정직하고자 노력했다. 함량 미달의 제품을 만들거나 그 밖에 고객의 기분을 상하게 하고 만족도를 떨어뜨리는 일은 발생하기 전에 내가 먼저 알 수밖에 없기 때문에 나부터 엄청나게 불쾌해졌다.

그래서 함량을 속이는 것은 근본적으로 절대 허용할 수 없었다. 고객을 속이느냐 속이지 않느냐의 차원을 떠나서 내 양심을 속이는 것이 불편했다. 고객이 아주 만족하고 완벽한 행복을 느끼게 만들자면 그 행복이 내 마음에서 먼저 느껴져야 했다.

고객의 편에서 제품을 만들고자 했고, 고객에게 거짓말하는 제품은 만들어내고 싶지 않았다. 만족하든 안 하든, 함량을 알아주든 안 알아주든 적어도 나만큼은 정직하게 만드는 것을 천명으로 알고 임했다.

적어도 75퍼센트 18K의 완벽한 제품을 만들어서 내놓는다면 고객들이 마냥 즐거워하고 만족할 것이라고 생각했다. 그 과정 자체를 내 인생의 보람과 행복이라고 생각하고 살았다. 비록 확인할 길은 없지만, 떳떳한 나의 모습을 기억하고 있는 나 자신이 가장 당당한 증인이다.

이런 생각으로 제품을 만들다 보니 리골드는 자연스레 명품이 되었다. 만약 누군가 '리골드 제품의 함량이 모자란다'라고 하면 이제는 고객이 먼저 '리골드 제품이 그럴 리가 없다'라고 이야기를 해준다. 리골드라는 이름만 들어도 '아, 좋은 물건, 정확한 함량, 믿을 수 있는 사람들, 신뢰가 가는 회사'라는 이미지가 떠오른다고 한다. 오랜 시간 편견과 싸우며 만들어온 결과다.

스스로와의 약속은 너무나 중요하다. 오래전부터 나는 무슨 일을 하든 나와의 약속을 가장 중요하게 생각했고, 그 약속을 지키기 위해서 최선을 다했다. 약속을 잘 지켜냈을 때는 스스로를 칭찬하는 것을 아끼지 않았다. '너 참 대단해. 돈을 벌기 위해서라면 이 정도에서 멈춰도 되는데 고객 만족을 위함이라니. 그 막연한 것을 위해서 가진 힘의 99퍼센트까지 힘을 내고 있구나.' 이렇게 스스로를 칭찬해줘야 한다. 그래야 하는 일이 즐겁다.

세월이 갈수록 나를 가장 칭찬하는 사람도 본인이고, 가장 많이 꾸짖는 사람도 본인이다. 잘못한 일이 있으면 '이건 실수한 것 같다' 하면서 스스로를 채찍질하고, 잘한 일에는 '오늘은 내가 참 잘 했어, 참 보람 있는 일을 했군' 하고 아낌없이 칭찬하는 것이다.

또한 일을 하면서 스스로 만족이 느껴져야 한다. '아, 나는 이 정도의 제품을 만들어냈어. 이 정도면 분명히 고객이 행복해하고 만족해할 거야'라는 생각이 들어야 한다. 내가 제공하는 제품이나 서비스를 스스로도 인정하지 못한다면 어느 누구에게 떳떳이 선보일 수 있겠는가?

과거 유명한 도예가들은 자신이 만든 도자기가 만족스럽지 않으면 아무리 열심히 만들어 완성했다 하더라도 과감히 깨버리곤 했다. 우리가 보기에는 그냥 사용해도 충분할 것 같은데 말이다. 남이야 뭐라 하든 자신의 마음에 들지 않으면 제품으로 내놓기 찝찝한 것이다. 도예가들도 그것을 사용할 사람들의 행복을 느끼면서 도자기를 만들지 않았을까?

나는 체인을 만드는 공정에서도 눈에 보이지 않는 부분을 상당히 엄격히 지켰다. 목걸이의 경우 전부 10공정을 거쳐서 제품으로 출시해야 한다. 그러나 7~8공정만 거쳐도 제품은 나오는데, 일반 고객은 그 차이를 잘 모른다. 모든 공정을 거친 제품과 비슷하게 만들어 출시할 수도 있는 것이다. 그럼 두세 공정을 빼도 되는가? 만약 그렇다면 그만큼 원가를 줄일 수 있고, 낮은 가격에 판매를 할 수 있으니 경쟁력도 생긴다. 하지만 오래 지속하다 보면 역시 품질은 떨어지게 마련이다.

맹자가 양梁 혜왕을 만나 나눈 이야기가 있다. 혜왕이 맹자에게 "노인께서 천 리 길을 멀다 여기지 않고 이곳까지 오셨으니, 과인의 나라에 이익이 될 만한 것이라도 있습니까?" 하고 묻자, 맹자가 "왕께서는 하필이면 이익만을 물으십니까? 진정 중요한 것은 인의일 뿐입니다"라고 대답했다고 한다. 이 일화에서 맹자 사상을 대표하는 선의후리先義後利가 나왔다. 선의후리란 의로움을 먼저 생각하고 이로움은 나중에 챙기라는 뜻이다.

이 말을 지금의 시대에 맞게 말한다면 내 이익을 먼저 챙길 것이 아니라, 상대방에게 도움이 될 수 있도록 의리를 먼저 지켜야 자신에게도 이익이 돌아온다고 할 수 있겠다. 즉, 남에게 의롭지 않은 일은 나에게 이롭지 않은 것이다. 우리는 결정의 순간에 나의 이익과 타인의 이익에 대해서 고민한다. 하지만 신뢰를 기본으로 한 결정이 아니라면 분명히 잘못될 수밖에 없다.

'보다 좋은 것'이 아닌
'이 이상은 없는 것'

1983년에 처음으로 체인을 만들려고 금 녹이는 작업을 할 때의 일이다.

그 당시 금 녹이는 시설이라고 하면, 자그마한 도가니에 금을 넣고는 산소불로 녹이는 수준이었다. 이런 열악한 시설에서 금을 녹이면 금의 성질이 거칠어져서 좋은 제품을 만들 수 없었고, 더군다나 이 과정에서 자연적으로 타 없어지는 금의 양이 상당히 많았다.

그래서 그 후에는 '전기로'를 이용해 금을 녹였다. 까만 도가니에 전기 코일을 감아서 가열하면 코일이 빨갛게 달아오르고 그 영향으로 도가니가 달아서 금을 녹이는 방식이다. 전기로를 이용하면 금이 자연스럽게 열을 받아서 잘 녹는데, 문제는 시간이다. 산소불을 이용하면 5분 만에 할 수 있는 작업이 전기로를 통해서 하면 대략 한 시간은 걸렸다. 작업은 시간과의 싸움인데 산소불로 녹이는 것과 비교해서 너무 오래 걸리는 것이 문제였다. 결국 이 방식은 금을 녹이는 데 시간도 오래 걸리고 도가니 값도 많이 드는 등 경쟁력이 없는 공법이어서 당시 일부에서 잠시 사용하다가 지금은 완전히 사라졌다.

나는 좀 더 나은 방법이 없을까 고민하다가, 여기저기 수소문해본 끝에 '고주파로'를 이용하면 금을 더 잘 녹일 수 있다는 이야기를 들었다. 나도 고주파로를 알기 전에는 전기로를 사용해 금을 녹였다. 전기로는 산소불을 이용할 때보다 로스가 적고, 금 성질이 산소불로 녹인 것과는 좀 달랐기 때문이다. 하지만 산소불과 전기로라는 두 가지 방법 중 어느 하나 마음에 드는 것이 없던 차에 고주파로를 이용하는 방법을 알게 된 것이다.

'이 방법을 사용하면 작업 시간도 굉장히 빨라지고 금 손실도 적게 날 테니 정말 좋을 것 같다. 공장을 하루 이틀 할 것도 아닌데, 과거의 방법만 가지고는 힘들 것 같다.' 이렇게 생각하고는 고주파로가 어떤 것인지 찾아보기 시작했다. 그리고 그 과정에서 '부산고주파'라는 곳을 알게 되었다. 나는 곧바로 부산고주파를 찾아가 내가 해온 고민을 이야기했다.

"사장님, 고주파로를 이용하면 금을 더 잘 녹일 수 있다고 하는데, 그런 기계를 만들 수 있습니까?"

"어, 당연히 가능하지. 그거 별거 아니야."

너무도 흔쾌히 대답을 해주었고, 나는 설레는 마음으로 기계를 주문했다.

3개월 정도 걸려서 완성된 기계가 공장에 도착했다. 가슴 떨리는 순간이었다. 새로운 방법으로 금을 녹일 수 있다는 생각에 설렘 반 기대 반으로 기계를 가동해보았다. 금을 넣은 다음 스위치를 켜고 2분가량 지나자, 금 표면이 금세 빨개지다가 또 갑자기 파란빛이 돌면서 도가니가 번쩍번쩍거리듯 환해지더니 어느새 다 녹아버렸다.

속도는 아주 만족스러웠다. 그런데 작업이 끝난 뒤 다 녹은 금을 붓고 식혀서 달아보니, 처음에 500그램이던 금이 490그램으로 줄어있는 것이 아닌가? 산소불로 작업하면 그 차이가 0.1그램이나 날까 말까 한데, 그보다 몇백 배의 로스가 생긴 것이다.

한동안 아무 말도 못 하고 멍하게 있다가 고주파 사장님에게 이 상황을 전했다.

"아, 이건 문제가 심각합니다. 작업을 할 때마다 금이 이렇게 없어지면 큰일 납니다."

사장님도 미처 생각을 못 했고, 어느 누구도 상상 못 한 일이었다. 일단 나보다 더 당황하는 사장님을 달랜 뒤, 함께 원인을 찾아보자고 했다. 무엇이 잘못되었는지 처음부터 되짚어나가기 시작했다.

나는 여러 기술자들을 찾아서 고주파 원리가 어떻게 되는지 다시 확인했다. 고주파 사장님도 고민 끝에 녹일 때 사용한 주파수가 맞지 않는다는 결론을 내리고 주파수를 조정하기로 했다. 예를 들어 작업에 필요한 주파수가 100이라면 처음 만든 기계의 주파수는 2000쯤이었던 것이다. 이것을 1500으로 낮춰보고 1300으로 낮춰보고, 그렇게 실험을 해나가는 식이었다.

그런데 부산고주파는 원래 녹이는 작업을 전문으로 하는 회사가 아니었다. 철 표면에 순식간에 고열을 가하면 철이 빨갛게 달아오르는데, 그 달아오른 상태에서 급랭을 하면 쇠가 단단해지면서 강해진다. 하지만 쇠 전체가 안팎으로 단단한 성질만 갖고 있으면 조그만 충격에도 툭 부러지게 되어 있다. 그러니 겉에만 열처리가 되고 속에는 열처리가 안 되어야 부러지지 않고 정말로 단단해지는 것이다. 부산고주파는 이런 일을 전문으로 하는 회사였다. 결국 표면만 급속도로 가열하는 시스템을 갖춘 회사였던 것이다.

열처리를 하느라 빨리 가열하는 것까지는 좋았지만, 금이 속까지 녹기도 전에 금 표면이 산화되어 없어져버리는 것이 문제였다. 그래서 결국 주파수를 찾는 실험을 6개월 정도 반복했다. 금덩어리의 겉과 속을 한꺼번에 녹이는 주파수가 로스를 최소화할 수 있는 주파수였다.

이상적인 주파수를 찾는 동안 금 손실은 엄청났고, 정말 진지하게 '이 실험을 포기해야 하나' 하는 생각을 하기도 했다. 하지만 그럴 때마다 '아니야, 내가 평생을 해야 할 일이다. 많은 사람들에게 최상의 방법으로 좋은 제품을 만들어 제공하는 것이 나의 숙제다'라고 생각하며 마음을 다잡았다. 내가 포기하면 지금까지 엄청나게 많은 돈을 투자해서 시도해온 주파수의 수치들은 한낱 수첩에 기록된 숫자로 전락해 아무런 의미도 없이 다 버려져야 했다. 새로운 기술에 도전하지 않는다면 고객 만족을 실현하겠다는 꿈을 영원히 포기하는 것이나 다름없었다. 그러니 수십 년 전부터 해온 그 방법으로 다시 돌아간다는 것은 말도 안 되는 소리였다.

끝날 것 같지 않던 실험은 8개월 정도 지나고 나서야 결실을 맺었다. 끈질긴 노력과 집념으로 수천 번을 조정하고 시도한 끝에 마침내 완벽한 주파수를 찾아낼 수 있었다. 이처럼 일을 하다 보면 지금 당장은 안 될 수도 있다. 하지만 오늘 발생하는 문제일 뿐이고 내일은 성공할 수도 있다. 오늘 포기한다면 내일 성공할 가능성은 사라지는 것이다. 그러니 어떤 경우에도 포기하지 말아야 한다.

그렇게 나와의 싸움과 기계와의 싸움을 하는 동안 수백 돈의 금 손실을 보았다. 기계를 제작하는 비용은 1000만 원 정도 들었으나 손실된 금은 수억 원어치나 되었다. 실험이라는 명목하에 그냥 태워서 날려버리는 금의 양도 어마어마했지만, 그 과정에서 과연 완벽한 주파수를 찾을 수 있을지 확신이 없었다는 것이 더 큰 문제였다. 실험을 할 때마다 많은 양의 금이 타서 없어지는 것을 보면서도 아깝다는 생각은 하지 않았다. 실패를 거듭하면서도 장차 우리 업계가 제대로 된 용해 시설을 갖추기 위한 투자를 하는 것이라고 생각했다. 주파수를 찾는 동안 내가 먼저 걸어가고 있는 이 험난한 가시밭길을 다른 사람들은 걷지 않도록 세상에 없던 길을 만들어내야 한다는 마음뿐이었다.

결국 나는 갖은 노력 끝에 금 녹이는 고주파로를 국내 최초로 만들어냈다. 그리고 자연스럽게 금을 녹이는 분야에서 전문가가 되었다. 그 주파수가 지금도 쓰이고 있다. 3년쯤 지난 후 이탈리아에 갔을 때 그곳에서 사용하는 기계의 주파수와 내가 만든 고주파로의 주파수가 완전히 일치하는 것을 확인하기도 했다. 그들도 나와 같은 실험을 통해 엄청난 손실을 겪어가며 적당한 주파수를 찾고 고주파로 기계를 만들어냈을 것을 생각하니, 세상에 없던 것을 만들어내는 어려움을 함께 겪었다는 점에서 동병상련이 느껴지기도 했다.

고주파로는 어떻게 하면 최상의 제품을 만들어낼 수 있을까 하는 고민에서 비롯된 것이었다. 그런 고민이 없었더라면, 단지 돈을 벌기 위해 일을 했다면, 눈앞에 뻔히 보이는 엄청난 손실을 감당할 수 없었을 것이다. 그냥 원래 하던 방법대로 편하게 금을 녹여 상품을 만들어낸다고 해서 고객이 뭐라고 할 것도 아니었다. 새로운 방법으로 금을 녹인다고 해서 고객이 알아주는 것도 아니었다.

고주파로를 만드는 그 수고로움과 금 손실에 비하면, 기존의 방법을 고수해가면서 로스가 조금 더 나고 덜 나는 것을 신경 쓰는 것은 일도 아니었다. 그냥 만들어 팔면 그만이었다. 그러나 나는 사람들에게 좀 더 저렴한 가격으로 최상의 제품을 제공하자면 새로운 기술이 도입되어야 한다고 생각했다. 그런 생각이 나의 행동 깊이 뿌리내리고 있었기 때문에 포기하지 않고 몇 개월간의 가슴 졸이는 실험을 할 수 있었다.

이나모리 가즈오는 《왜 일하는가》라는 책에서 완벽에 대해 이렇게 말했다. "완벽주의는 '보다 좋은 것'이 아닌, '이 이상은 없는 것'이다. 베스트가 아니라 퍼펙트해야 하고, 퍼펙트하지 않으면 절대 세상에 내보이지 않는 것이다. 완벽하다는 것은 비교의 대상이 없는 '절대적'이라는 말이다. 완벽하지 않으면 최선을 다했다는 말도 소용이 없다."

포기하는 순간은
성공하기 직전일 수 있다

완벽을 추구하려는 노력은 다양하게 이루어졌다. 고금을 녹여서 골드바를 만들 때였다. 고금을 녹이려면 뜨거운 열이 필요하지만 어쩔 수 없이 화학약품도 써야 한다. 염산과 질산을 섞은 '왕수'를 만들어서 거기에 금을 넣으면 금이 타는 듯 녹기 시작한다. 그런데 이렇게 액체 상태가 될 때나 액체 상태의 금을 고체인 골드바로 만드는 과정에서 많은 가스가 발생한다.

그 가스 냄새가 너무나도 지독했다. 그 지독함은 설명해서 이해를 시킬 수 있는 그런 냄새가 아니었다. 얼마나 냄새가 심했던지 당시 분석을 하는 사람들은 악취를 숨기기 위해 한밤중에 작업을 하거나, 마을에서 멀리 떨어진 곳에서 작업을 했다. 폐수를 함부로 버리는 것도 드물지 않게 볼 수 있었다.

엄연히 불법이기도 했지만, 무엇보다 나는 이웃들에게 피해가 가는 것을 내 양심이 허락하지 못했다. 그래서 어떻게 하면 냄새가 나지 않게 분석할 수 있을까 고민하면서 여기저기 조언도 구하고 나름대로 실험을 해보기도 했다. 하지만 화학 관련 공부를 전혀 해본 적이 없는 내가 해결할 수 있을 리 만무했다. 결국 혼자서 할 수 있는 일이 아니라고 판단하고, 고민 끝에 화학공학과 교수를 찾아가 물어보기로 했다.

아는 교수가 없다 보니 무작정 부산대학교로 찾아가, 정문에서 화학과 교수를 보러 왔다고 말했다.

"화학과 교수 누구를 만나러 오셨습니까?"

"이름은 모릅니다. 그냥 화학 쪽을 잘 아는 교수님이 있으시면 안내 부탁합니다."

학교 측에서 알려준 교수연구실로 찾아갔더니 방문이 잠겨 있었다. 하긴 미리 약속한 것도 아니고, 일면식이 있는 것도 아니었다. 나는 '수업 중이라면 한두 시간 후에 끝나겠지' 하고 기다렸지만 결국 만나지 못했다. 그다음 날도 찾아갔으나 또 허탕을 쳤다. 그러는 사이 악취를 잡는 방법을 아는 사람이 있다고 해서 만나서 물어보기도 하고, 나 나름대로 조사하며 알아보기도 했지만, 별 소득이 없었다. 나는 계속해서 대학교를 찾아갔다. 그리고 며칠 후 마침내 화학공학과 교수를 만나게 되었다.

"저는 금을 녹여서 골드바를 만드는 작업을 하고 있습니다. 그런데 악취가 너무 많이 납니다. 냄새를 정제할 방법이 없겠습니까?"

"그런데 어떻게 저를 알고 찾아오셨습니까?"

교수는 신기해하며 내게 물었다.

"아, 입구에서 화학 관련해서 제일 잘 아신다고 추천해주었습니다. 하하."

교수는 궁금한 점에 대해 해답을 주었다.

"이론적으로는 가성소다라는 물질을 이용하면 가능합니다."

하지만 실제로 악취를 어떻게 없앨 수 있는지는 교수도 알 방법이 없다고 했다. 그리고 가성소다는 극약에 속하기 때문에 눈에 들어가거나 몸에 닿지 않도록 주의해서 사용해야 한다고도 일러주었다.

'그렇게 독한 냄새를 잡는다는데, 뭐 당연히 독한 놈이겠지.' 나는 별로 대수롭지 않게 생각하고는 집으로 돌아왔다.

그다음부터는 내 몫이었다. 어떻게 하면 악취가 가성소다를 효율적으로 통과할 수 있을지 연구하기 시작했다. 고금 작업을 마친 뒤 녹초가 된 몸으로 설계도를 그려가며 고민을 거듭했다. 낮에는 화공 약품을 취급하는 곳에 찾아가 정보를 얻기도 했다. 그러던 어느 날 오후, 점심을 먹고 물뿌리개로 화분에 물을 주다가 갑자기 아이디어가 떠올랐다. 그 방법은 이랬다.

고금 분석을 하는 피카 위에 냄새가 타고 올라갈 파이프를 설치해놓고 그 파이프에 구멍을 뚫어서 가성소다액을 뿌릴 수 있도록 하는 것이었다. 그러면 가스가 올라오면서 가성소다액을 맞고 냄새가 어느 정도 희석되었다. 장치를 만드는 동안 가성소다가 몸에 닿으면 안 된다는 말도 잊어버리고 몇 번씩 가스를 직접 맡아가며 작업을 해나갔다.

체감되는 냄새가 조금씩 줄어들었지만 그 정도로 만족할 수는 없었다. 줄어들게 할 수 있다면 없앨 수도 있을 것이었다. 그러나 해답에 가까이 온 것 같은데 손에 잡히지는 않고, 실패를 거듭하기만 했다. 너무나 답답했다. 별의별 방법을 다 시도해보는 동안 만들다 버린 파이프가 공장 마당에 수북이 쌓여갔다. 하지만 조금씩 보완하면서 효과적인 방법에 접근해갔고, 그러다가 마침내 방법을 알아냈다.

폭 400밀리미터짜리 원통 PVC 파이프 속에 작은 PVC 파이프를 벌집처럼 채운 다음 아래쪽 1미터 정도는 가성소다가 고이도록 만들었다. 그 바로 아래에 구멍을 뚫어서 가스가 원통으로 타고 들어오는 동안 가성소다는 펌핑을 계속해서 위에서 뿌려지도록 만든 것이다.

촘촘히 끼워 넣을 PVC를 일일이 톱으로 자르고 채우려니 이것 또한 엄청난 일이었다. 팔도 아프고 손도 다 부르트고 목과 어깨도 뻐근해서 힘들었지만, 냄새를 없애야 한다는 생각뿐이었다.

가스가 파이프에 부딪히면서 올라가는 동안 냄새는 완벽하게 희석되었다. 일정 시간 가스 냄새가 씻겨서 정화가 되고 나면 가성소다를 새로 교체해주었다. 고금 분석을 하는 동안 아래쪽에서는 엄청나게 역겨운 냄새가 올라오는데 위에서는 코를 갖다 대도 전혀 냄새가 나지 않았다. 대한민국 1호 '악취제거기'가 탄생하는 순간이었다.

지금도 리골드에는 이 원리로 만든 제품이 있다. 또한 내가 초창기에 만든 제품은 아니지만, 이후 우리나라의 냄새나는 공장에는 모두 이런 원리를 이용한 제품들이 설치되었다.

나중에 악취제거기를 이탈리아에서 보게 되었는데, 신기하게도 내가 만든 장치와 전체적인 원리나 구조가 거의 흡사했다. 고금 분석은 내가 후배였지만, 냄새를 제거하면서 분석한 것은 내가 대한민국 1호였다.

냄새가 나거나 말거나 돈만 벌면 된다고 생각했으면 남들 눈을 피해 적당히 작업을 해도 되었다. 하지만 나는 살아가면서 도움은 못될망정 피해를 주면 안 된다는 생각을 실천하고 싶었다. 내가 냄새나는 일을 하면 누군가는 그 냄새를 맡으며 피해를 입고 고통받게 될 것이 분명했다. 내가 하는 일에 피해가 따른다면 당연히 내가 그 원인을 해결해야 한다고 생각했다.

문장 몇 줄로 설명하는 것은 이처럼 간단하지만, 이 일 역시 수백 번의 실험을 거듭해야 했다. 목적을 이루기 위해 내 건강이

나 가성소다의 위험성 따위는 신경 쓸 겨를이 없었다. 또한 항상 그래왔듯이 긍정적인 결과를 장담할 수 없는 작업이었다. 하지만 그런 고된 노력과 실험 끝에 악취제거기를 개발하게 된 기쁨은 이루 말할 수 없을 정도였다. 악취제거기가 개발될 무렵에는 냄새 문제뿐만 아니라 폐수 역시 집진기를 사용해 단 한 방울의 오염 물질도 버리지 않고 모두 모아 따로 처리할 수 있게 만들었다.

에디슨은 "수많은 인생의 실패자들은 포기할 때 자신이 얼마나 성공에 가까이 있었는지 모른다"라는 말을 했다. 오늘 힘들었던 일이 내일도 힘들지 모른다. 하지만 분명한 사실은 내일 포기한다면 모레는 없다는 것이다. 그리고 어떤 상황에서도 자기 자신에 대한 믿음을 가져야 한다. 그런 마음가짐으로 노력해야만 어느 순간 목표를 달성한 자신을 발견하게 되는 것이다.

영혼을
불어넣다

KRX(한국거래소)에서 분석 일을 맡길 곳을 알아보다가 직원 세 명이 내가 운영하던 '코리아메탈(금 제련업체)'을 방문한 적이 있다. 이곳에도 마찬가지로 악취제거기 시설을 설치해놓았음은 물론이다.

그때 직원들이 오자마자 처음 한 질문이 "여긴 작업을 안 합니까? 오늘 쉬는 날입니까?"였다.

"아니요, 지금 작업 중입니다. 왜 그러십니까?"

나는 질문의 뜻을 알 수 없었다.

"근데 왜 다른 공장에서 나는 냄새가 안 납니까?"

웃음이 났지만, 나는 공장 설비에 대한 이야기를 자세히 하는 대신, "우리 공장은 냄새를 잡아주는 첨단 시설을 갖추고 있습니다."라고만 말했다.

분석 공장에 가보면 대부분 입구에 들어설 때부터 쾨쾨한 냄새가 난다. 작업을 하면서 냄새를 늘 맡아오던 직원들도 적응하기가 힘들 정도다. 그런데 우리는 이미 1980년대부터 직원들이 냄새를 맡지 않으면서 작업할 수 있는 시설을 갖춰두고 지금까지도 최신 공법을 이용해 아무 냄새도 나지 않는 환경을 유지했으니, 조사를 하러 왔던 직원들이 신기하게 생각한 것이다.

요즘의 개발도상국들이 공장을 세우고 제품을 만드는 데만 힘을 쏟는 동안 산업도시와 큰 공장 주변의 강과 바다가 오폐수로 몸살을 앓고 있으며, 미세먼지를 비롯해 과거에는 없던 환경 문제가 일상생활을 위협하고 있다. 마찬가지로 1980년대에는 우리나라도 폐수를 함부로 처리하는 것을 심각한 문제로 여기는 사회 분위기가 조금은 미흡했다. 그런 시절에 정화 시설을 갖추기 위해 존재하지도 않는 기계를 만드느라 시간과 노력을 투자한다는 것 자체가 대단히 획기적인 발상이었다.

내가 '돈을 받고 물건을 파는' 행위에만 집중했다면 지금의 리골드는 존재하지 못했을 것이다. 리골드라는 브랜드를 구축하고 지금까지 리골드 제품을 구매해주는 고객이 있는 것은 더 좋은 제품을 올바른 방법으로 만들어서 고객에게 행복을 선사하고 싶다는 마음이 통했기 때문이다. 그것이 바로 리골드의 기업 이념이었고, 이 철학이 우리가 완벽한 제품을 만들어내는 것을 가능하게 만들었다고 믿는다.

나보다 앞서간 사람은 없었는가? 내가 이 업계의 첫 번째 주자인가?

절대 아니다. 나는 체인 사업가 중에서 선구자적 역할을 한 사람이 아니다. 이탈리아에서 최초로 체인 기계를 들여왔는지도 알 수 없고, 체인 사업을 하던 시절 선배도 있었고 후배도 많았다. 또한 내가 기술력을 전부 공개한 까닭에 리골드와 같은 수준의 제품을 만드는 회사도 한둘이 아니었다.

그런데 왜 이토록 전문적인 지식이 부족한 내가 수많은 실패를 거듭해왔음에도 불구하고 지금까지 살아남았을까? 남들은 '많은 체인회사 중 하나일 뿐인데 왜 리골드를 못 이길까?' 하고 생각하기도 한다.

나에게 가장 중요한 것은 '어떤 생각으로 제품을 만드는가?'라는 질문이었고, 그 질문에 올바른 대답을 하기 위해 항상 노력해왔다. 물론 제품은 기계에서 생산되지만 기계를 조작하는 것은 사람이고, 그 사람이 어떤 생각으로 제품을 대하는지가 중요하다. 제품을 다룰 때의 긍정적인 기운이 중요한 것이다. 도자기를 만드는 장인이 영혼을 불어넣듯이 말이다.

나는 단순히 기계를 수입해서 제품을 찍어내는 것만으로는 고객을 만족시킬 수 없다고 생각했다. 체인 기계가 아무리 자동화되었다고 해도, 정교한 부분을 다듬고 교정하는 과정에는 인적 작업이 필수적으로 요구된다. 그리고 진정한 명품은 바로 이러한 인적 작업에서 탄생한다.

존 고든의 《뉴욕 뒷골목 수프가게》라는 책에서는 수프 맛을 결정짓는 마지막 재료에 대해 이렇게 이야기하고 있다. "수프에 들어갈 재료 중에 가장 중요한 것은 그 수프를 젓는 사람이다. 최선을 다해 사랑을 담아 수프를 저어라."

와인 맛에 대해서는 이렇게 말하고 있다. "와인 전문가들 중에는 와인의 맛만 봐도 그 와인을 만든 사람의 성격까지 알아내는 사람이 있다. 와인에는 그 사람의 에너지가 녹아 있기 때문이다. 만드는 사람이 집어넣는 에너지가 제품의 질을 결정하는 것이다." 즉, 고객을 생각하는 마음이 제품의 질을 높이는 데 중요한 부분임을 알 수 있다.

아름답게 만들어 누군가에게 소중히 쓰이길 원하는 그 간절한 소망이 제품을 완벽하게 만들어내는 것이다. 완벽한 제품을 만들어내려고 노력하고, 또 그것을 사용하는 사람들의 행복을 함께 느끼고, 그로 인해 내가 더 소중한 사람이 되어가는 과정, 그것이 내가 일을 하는 이유다.

3장

한 손으로는 나를,
다른 손으로는 남을 돕다

기술을 꽁꽁 싸매고 혼자 제품을 생산했으면 그런 빈정거림을 듣지 않아도 됐을 테고, 실제로 독보적인 노하우로 상상할 수 없을 만큼 엄청나게 많은 돈을 벌었을지 모른다. 그러나 혼자서 부를 챙기고 배를 불리는 동안 우리나라의 많은 고객들은 이토록 예쁜 목걸이를 착용할 수 없었을 것이다. 또한 전반적인 우리나라의 체인 기술력이 좋아지는 것도 훨씬 지체되었을 것이다.

기술을
공개하다

우리 제품을 선택해주는 고객이 늘면서 리골드라는 회사 이름도 유명해지기 시작했다. 영남 일대에서 최고의 브랜드로 인지도를 높여가고 기술적으로도 국내 제일의 체인생산기업으로 성장하면서 기분 좋은 나날을 보내던 어느 날이었다.

"조금 이해가 안 될 수도 있을 것 같네."

나는 직원들을 불러놓고 말을 꺼냈다.

"업계 사장들에게 견학을 와도 좋다고 했네."

"네? 그게 무슨 말입니까?"

평소 농담을 하지 않는 내 성격을 잘 아는 직원들은 어안이 벙벙한 표정으로 되물었다.

"경쟁업체 사장들을 불러서 기술 공개를 하신다는 이야기입니까?"

"그렇지. 그렇게 할 예정이야."

간단한 티타임을 생각하고 온 직원들의 표정이 순식간에 굳어버렸다.

"이번에 일본의 캐스팅 공장 견학을 다녀오면서 업계 대표들에게 우리 공장의 모든 기술을 보여주겠다고 했어. 다음 주부터 사장들이 오면 체인 만드는 방법에 대해 모두 알려줄 테니 그리 알고들 있어."

"아, 이건 아닙니다. 다시 생각해주십시오."

"아니야. 이미 마음의 결정을 내렸어. 이만 나가들 보게."

"무슨 소리입니까? 절대로 안 됩니다."

직원들은 펄쩍 뛰면서 강하게 반대했다. 그러나 단호한 내 태도를 보고는 안 되겠다 싶었는지 다들 그냥 나가버렸다.

나는 한번 고집을 피우면 다른 사람들이 놀랄 정도로 절대 꺾지 못한다. 평소에는 "내 생각은 이러한데 자네 생각은 어때?" 하고 물어본다. 대부분의 윗사람들은 무조건 주입 또는 강요 하거나, 이도 저도 아닐 때는 부탁을 하는 경우가 많다. 하지만 나는 항상 "나는 이렇게 했으면 하는데 자네 생각은 어때?"라고 물어서 직원들의 생각을 끝까지 경청한다.

끝까지 다 듣고 나면 "그것도 괜찮네. 그럼 그렇게 해봐"라고 말하며 직원이 용기를 갖고 한 이야기를 응원해준다. 만약 직원의 의견대로 하기가 힘들 것 같을 때는 "하지만 그게 안 된다면 이렇게 해보는 것도 좋을 것 같네"라고 말해줌으로써 또 다른 가능성을 제시하기도 한다. 내가 하는 말이 옳고 그른 것은 그다음의 문제다. 옳은 이야기라고 하더라도 강제성을 띠거나 주먹구구식으로 주입하게 되면 부담스러울 수밖에 없다. 직원들과의 대화에서는 배려하는 마음가짐이 가장 중요하다.

하지만 기술 공개 문제만큼은 그렇게 하지 못했다. 이탈리아에 다녀온 뒤로 리골드는 승승장구하면서 독보적인 제품을 만들어내고 있었지만, 내 마음속에는 항상 부족한 느낌이 들었다. 그 이유를 찾기 위해 며칠 동안 고민했지만 뚜렷한 해답을 찾을 수 없었다. 그러던 어느 날, '고객에게 더 도움이 될 수 있는 것이 무엇일까' 하고 자문해보다가 그 이유를 알게 되었다.

우리의 손이 미치는 곳에 있는 고객들은 아름다운 제품을 마음껏 즐길 수 있었지만, 이런 아름다운 제품이 있다는 사실조차 모르는 고객도 많았다. 머나먼 타지까지 가서 기술을 배워왔는데, 이 조그마한 나라 안에서도 우리 제품을 즐기지 못하는 사람들이 있다는 사실이 나를 계속 괴롭혔던 것이다. 우리나라의 모든 국민이 나의 고객이라고 생각했고, 더욱더 많은 고객에게 아름다움을 즐기게 해주고 싶었다.

그런 생각이 들고 나니, 가장 빠른 시간 안에 많은 사람들에게 제품을 보여줄 수 있는 방법이 무엇일지 고민하게 되었다. 그러다 마침 주얼리 기술협회 주최로 업계 대표들과 함께 일본의 주얼리 공장에 견학을 갈 기회가 생겼는데, 그곳에서 방법이 떠올랐다. 바로 업계 대표들에게 내 기술을 공개하는 것이었다. 내 피땀이 어린 목숨 같은 기술을 말이다.

라이언 홀리데이의 《에고라는 적》에는 다음과 같은 말이 있다. "'당신에게 중요한 것은 무엇인가?'라는 질문은 중요하다. 우리는 이미 가진 것에 만족하지 못하고 다른 사람이 가진 것까지 원하며 그보다 더 많은 것을 가지길 바란다. 처음 시작할 때는 자기에게 중요한 것이 무엇인지 알고 있지만 일단 그것을 얻고 나면 무엇이 가장 중요하고 덜 중요한지 잊어버린다."

그렇다. 인생이라는 길을 가는 과정에서 나에게 중요한 것이 무엇인지 항상 스스로에게 물어야 한다. 그리고 그 중요한 것을 잊어버려서는 안 된다. 나는 제품을 처음 만들기 시작했을 때의 마음을 잊지 않았고, 그 마음은 나의 행동과 말에 영향을 주는 단 하나의 진리로 자리 잡았다. '타인을 위해 나의 능력을 소중히 쓰는 것'이라는 가치관을 잊어버리거나 소홀히 한다면 제품을 만들고 회사를 운영할 이유가 없다고 생각했다.

이렇듯 기술 공개의 뜻은 확고했지만, 정작 직원들이 느끼는 불안감은 상당했다.

그날 퇴근을 하는데, 직원들의 목소리가 들렸다.

"도대체 왜 그런 생각을 하셨을까?"

"아니, 죽을 고생을 해서 다녀와놓고는 그렇게 쉽게 남에게 알려준다고?"

"누가 뭐래도 기술만큼은 절대 알려줘선 안 돼. 이 기술만 있으면 앞으로 수십 년간 얼마나 많은 돈을 긁어모을 수 있을지 모르는 거 아냐?"

"아니면 이미 돈을 많이 벌었나?"

"아마도 공장을 보여주면서 자랑을 하고 싶은가 보다. 사장님이 너무 고생을 하셨으니, 그 경험을 알려주고 업계 사람들이 대단하다고 치켜세우는 기분을 느껴보고 싶은 거야."

"그럼 더더욱 말려야 하는 거 아니야?"

내 생각과는 괴리가 있는 직원들의 이야기를 들으면서 한편으로는 그렇게 생각하는 게 당연하다고 생각했다. 나는 우리 회사의 기술을 공개하는 데 뚜렷한 철학이 있었지만, 직원들이 그 마음을 알 리 없었다. 그러니 직원들을 이해시켜야 했다.

美친
CEO

1987년 주얼리 기술협회 이사장 조기선 씨가 일본의 캐스팅 공장(정밀주조 공장)을 간다고 하여, 국내에서 그나마 규모 있는 제조업체 대표 20여 명이 모여 일본 견학을 다녀온 적이 있다. 서로 잘 아는 사람들도 있고 전혀 모르는 사람들도 있었지만, 모두 해외로 나가는 견학에 들떠 있었던 것 같다. 출발하는 비행기 안에서부터 견학을 마치고 저녁 식사를 하는 자리에 이르기까지, 사람들은 한결같이 매출을 올리는 노하우에 대한 이야기로 진지하고 바쁜 모습이었다. 3박 4일 정도의 여정이었는데, 나는 그때 우리 공장에서 운영하고 있는 기계에 대한 이야기를 했다.

그들이 제품을 만드는 방식이 나의 방식과 비교해서 더 나은

지 못한지는 알 수 없었다. 하지만 나와 같은 방식은 아니지 않을까 하는 생각을 견학 내내 하게 되었고, 조심스럽게 이야기를 꺼낸 것이다.

"안녕하세요. 리골드의 이재호입니다. 많은 분들께서 평소 저희 회사 제품에 대해 궁금증이 많으셨을 줄로 압니다. 만약 여기 계신 분들이 원하신다면 제 공장의 모든 시설과 기술을 보여드리겠습니다."

나보다 더 좋은 시설과 앞선 기술을 갖추고 있는지도 모를 일이었지만, 설사 그렇다고 해도 누가 자랑삼아 말할 수 있는 건 아니었다.

"저는 이태리에서 기계를 수입해왔고, 옛날부터 하던 방식과는 좀 다르게 제품을 만들고 있습니다. 혹시 최신 공법에 관심 있는 분이 계셔서 우리 공장에 오시게 된다면 제가 상세히 설명해드리겠습니다."

사람들은 너무나 놀라서 서로 쳐다보기만 할 뿐 섣불리 대답을 하지 못했다. 어느 누구도 자신의 기술을 알려주거나 공장 견학을 허락하지 않던 당시의 풍토에서 공장을 공개한다는 것은 너무나도 파격적인 일이었던 것이다. 오늘날에도 자기만 알고 있는 핵심 기술을 경쟁업체에 알려준다는 것은 보통 사람으로서는 상상하기 힘든 일이다.

잠시 적막이 흘렀다. 우리 회사는 부산을 중심으로 영업을 했지만 서울 쪽에도 상당히 알려져 있던 터라 그들에게는 경쟁상대가 분명한데, 그 경쟁상대가 먼저 나서서 기술을 전부 알려주겠다고 하니 놀라는 것은 당연했다. 그들이 생각하기에는 내가 굳이 나서서 알려줄 이유가 전혀 없었으니, 믿지 못하는 눈치였다. 굳이 말로 하지 않아도 '설마 그럴 수 있겠어?'라고 의심하는 것을 느낄 수 있었다. 그렇게 말해놓고 컨설팅 비용이나 차후 판매에 대한 일정 마진을 요구하는 것은 아닌지 의심을 했을지도 모를 일이다. 반신반의하는 업계 대표들에게 나는 언제든 우리 회사에 견학을 와도 좋다는 말을 한 번 더 하고 헤어졌다.

세븐일레븐 회장인 스즈키 도시후미는 《도전하지 않으려면 일하지 마라》라는 책에서 다음과 같이 말했다. "'할 수 없는 이유'를 꼽기 전에 스스로에게 그것이 정말 '할 수 없는 이유'인지 물어보라. 판매자 측에서 아무리 열심히 노력한다고 해도 고객 입장에서 옳다고 생각하지 않으면 절대 성과를 얻을 수 없다. '열심히 한다'와 '옳은 것을 한다'는 의미가 전혀 다르다는 것을 잊지 마라."

직원들의 격렬한 반대를 무릅쓰고 내린 결정이 과연 할 수 없는 일인가를 생각하고 또 생각했다. 아무리 생각해도 직원들이 할 수 없다고 하는 이유는 단 하나, '우리가 위험할지도 모른다'는 것이었다. 반대로 기술 공개를 함으로써 '고객에게 돌아갈 이익은 무엇일까?'를 생각해보았다. 주얼리 업계의 모든 사람이 우리의 기술을 익히게 되면, 엄청나게 빠른 속도로 제품의 질이 향상되고 제품을 판매할 수 있는 경로도 파격적으로 늘어날 것이었다. 고객을 위한다면 틀림없이 옳은 결정이었다. 아무리 생각해봐도 결론은 똑같았다.

이제 남은 일은 내가 옳다고 생각하는 일을 직원들 모두가 받아들일 수 있게 설득하는 것뿐이었다.

"여러분이 무슨 걱정이 있어서 나를 말리는지 잘 알고 있네. 하지만 내가 체인 기계를 한국에 처음 들여온 사람이라고 해서 혼자 이 기술을 독차지할 생각은 없네. 기술 공개는 선택의 문제가 아니라 꼭 해야만 하는 일이라고 생각들 해주게. 지금 생산되고 있는 이 아름다운 제품들을 전국의 모든 소비자에게 하루빨리 보여줘서 만져보게 하고 채워보게 하고 싶은 마음밖엔 없어. 이 업계의 사람들과 경쟁을 하려는 것이 아니네."

"그건 사장님 생각일 뿐입니다. 경쟁이 아니라 생존의 문제입니다. 경쟁업체인 그들에게 기술을 공개하면 어떻게 될 것 같습니까?"

직원들은 회의실에 앉아서 나와 눈도 마주치지도 않고, 전부다 고개를 가로저으며 도저히 이해가 안 된다는 표정을 짓고 있었다.

"나중에는 분명히 우리가 더 힘들어집니다. 그리고 그 사람들이 그런 정보를 듣는다고 고마워할 것 같습니까?"

"저는 절대로 사장님 의견에 동의할 수 없습니다."

"결국은 같은 시장에서 같은 기술로 만든 같은 제품을 팔아야 하는 상황이 벌어집니다. 그러면 우리 공장은 백 프로 문을 닫게 될 겁니다. 기술 공개를 하면 직원들 전부 다 죽습니다."

극렬히 반대하는 직원들에게 나는 단호히 말했다.

"아니야. 당신들 직장은 내가 지켜! 나와 내기를 해도 좋아."

직원들은 지극히 이해타산적인 논리만을 생각하고 있었다.

"우리 공장을 보러 올 그분들은 돈을 벌기 위해 제품을 만드는 사람들이고, 나는 고객 만족을 위해서 제품을 만드는 사람이야. 고객에게 아름다운 제품을 제공하기 위해 공장을 한다는 말일세. 그러니 어떤 경쟁에서도 나를 이길 수 없어. 사람들은 어떻게 돈을 벌까 하며 아름다움을 순간적으로 생각하겠지만, 나는 밤낮없이 오직 아름다운 제품을 만드는 데 몰두하기 때문에 문을 닫는 일은 없을 수 없네."

고객 만족만 생각하는 나를 그들이 이긴다? 그건 말도 안 되는 소리였다.

"나는 이 상황을 경쟁이라고 생각하지도 않지만, 만약 돈 벌기 위해서 일하는 사람 하고 경쟁을 한다면 백 퍼센트 이길 자신이 있네. 여러분 직장은 내가 지킬 거야. 걱정하지들 말게."

나는 자신만만히 이야기했다. 기술 공개를 하는 것에 한 치의 의심도 없었다.

돈을 벌려고 일하는 사람과 고객 만족을 위해서 일하는 사람의 경쟁에서는 고객 만족을 생각하는 사람이 당연히 이기게 되어 있다. 좋은 제품을 만들려고 밤낮으로 고민하다 보니 제품을 만드는 능력이 향상되고, 그 결과 앞서나갈 수밖에 없다.

나는 이 점을 확신한다. 지금까지 수많은 경쟁자들이 문을 닫고 사라졌지만 리골드는 여전히 명품 회사로서 당당히 고객에게 행복과 만족을 주는 원래의 목표를 이뤄내고 있다. 더 이상 무슨 설명이 필요할까? 결과적으로 내 생각이 전적으로 맞았고, 지금까지도 이것이 진리라고 생각한다.

혼자만 잘살믄
모할꼬

생존의 문제라고 생각한 직원들은 쉽게 물러서지 않았다. 나는 한시라도 빨리 더 많은 고객들이 좀 더 예쁜 제품을 이용하기를 바라는 마음으로 직원들을 계속 설득했다. 기술을 가르쳐달라고 비는 게 아니라 다른 사람들에게 기술을 가르쳐주겠다고 빌고 있는 희한한 광경이 벌어지고 있었다. 나는 진지하게 다시 한 번 이야기했다.

"결과가 돈벌이가 되든 봉사가 되든 우리가 하는 일 자체는 고객을 만족시키기 위함일세. 우리가 고객에게 도움이 되기 위해 시작한 회사인 건 다들 알고 있을 테고, 더 많은 고객에게 도움이 된다면 마다할 이유가 없지. 이를 실천하기 위해서라면 당연히 해야 할 일이라고 생각하네."

이야기를 끝내고 일어섰지만 직원들의 말도 틀린 건 아니었다. 내 생각이 맞다고 느끼면서도, 처음 기술을 배우던 때가 생각나면서 그 당시의 복잡한 심경들이 떠올랐다. 시계방에서 수리 기술을 어깨너머로 혼자서 터득할 때와, 체인 기술을 배우러 방배동의 공장에 찾아가서 기술을 가르쳐달라고 며칠 동안 사정사정한 일이며, 추가로 기술을 배우러 갔을 때 금전을 요구받은 기억들이 새삼스럽게 떠올랐다.

사람들이 자신의 기술을 지키는 것에 대한 방어기제를 충분히 경험한 후였고, 나 또한 그렇게 한다고 해도 뭐라고 할 사람은 없었다. 목숨을 걸고 홀로 해외에 가서 배워 온 기술을 굳이 알려달라고 하지도 않은 사람들에게 공개한다? 아깝지 않고 소중한 것을 몰라서 결정하고 행동하는 것이 아니었다. 돈을 벌기 위한 치열한 경쟁을 이미 해보았으니 그것 또한 모르는 바 아니었다.

그렇지만 나에게는 공장을 개방해야 하는 두 가지 이유가 있었다.

첫 번째 이유는 이미 말한 대로, 대한민국의 수천만 고객에게 예쁜 목걸이를 선사해서 행복하게 해주고 싶은데, 나 혼자 하기에는 시간도 오래 걸릴 것 같고 전국 구석구석까지 내 힘이 미치지 못할 것 같은 생각이 들었기 때문이다. 그러니 다른 업체에 기술을 공개해서 우리와 같은 제품을 만들어서 팔게 하면 그 시간이 나 혼자 하는 것보다 수십 배는 빨라질 것으로 확신했다.

두 번째는 이탈리아의 시스마 사가 나에게 보여준 헌신과 사랑을 나만 누려서는 안 된다고 생각했기 때문이다. 그들에게 전수받은 기술을 나도 다른 누군가에게 알려주는 것이 "네, 도와드리겠습니다"라고 말해준 그들의 의미 있는 행동에 조금이나마 보답하는 길이라 믿었다.

기술을 공개하는 것은 우리가 죽는 길이 아니고, 내가 할 일을 도와주는 고마운 사람들이 더 많이 생기는 길이라고 느꼈다. 내가 공개한 기술로 전국의 많은 고객들을 행복하게 해줬으면 하는 욕망이 다른 모든 이성적인 결정을 앞섰을 뿐이다. 그리고 업계 사람들도 제품을 판매하면서 내가 느낀 것보다 더 큰 행복을 느끼길 바랐다. 남에게 기여한다는 사실이 얼마나 즐거운 일인지를 알고 나와 함께 그 기분을 공유하길 진심으로 기대했다.

요즘의 시장도 과거와 별반 다르지 않다. 경쟁 면에서 따지자면 예전보다 훨씬 더 치열해졌다. 그러나 가장 피해야 할 것은 경쟁자를 신경 쓰느라 고객을 잊어버리는 일이다. 시장에 새로운 기술을 가지고 들어간다면 그 기술이 좋으면 좋을수록 주변에서 너도나도 따라 하려고 할 것이다. 그것을 말릴 방법은 없다. 그러니 개척자들은 너도나도 따라 하겠다는 그들을 경쟁자로 인식하기보다는 내가 고객에게 전달하고자 하는 가치를 알리는 좋은 파트너로서 대하는 것이 좋다. 경쟁자도 넓은 카테고리에서 보자면 동업자이고 또 다른 나의 고객이 될 수도 있다.

로버트 B. 세틀과 패멀라 L. 알렉의 책《소비의 심리학》에는 이런 내용이 있다. "차를 마케팅하고 있다면, 다른 자동차 제조업체만이 당신의 경쟁자가 아니다. 경쟁의 범위는 생각 이상으로 광범위하다. '여보, 우리 이 멋진 차를 살까, 아니면 예전부터 가고 싶었던 해외여행을 떠날까?' 이 경우 당신의 경쟁자는 누구인가?"

차를 팔고 있지만 길 건너 다른 브랜드의 자동차회사만이 경쟁자가 아니라는 것은 확실하다. 항공사나 리조트회사, 혹은 휴가 중에 들를 값비싼 레스토랑이 모두 경쟁자들이다. 좀 더 관점을 넓혀서 이 부부가 해외여행과 차를 포기하고 갑자기 학비가 많이 드는 사립학교에 아이를 보낸다면 주변의 모든 사립학교가 다 경쟁자가 되는 것이다.

이 모두를 경쟁자로 하여 싸울 것인가? 범위를 정할 수도 없거니와, 일일이 싸우기 위해 경쟁 전략을 세운다면 지쳐서 일어서지도 못할 것이다. 나는 나의 경쟁자들과 함께 공존하기로 결정했다.

물론 말이 쉽지 정작 그런 결정을 내리고 행동하기란 쉬운 일이 아니었다. 역사에 가정은 없다고 하지만, 내 주변 사람들은 종종 그때 기술 공개를 하지 않았다면 얼마나 돈을 더 많이 벌었을까 궁금해하며 그때의 일에 대해 이야기하곤 한다.

하지만 공장의 기계들을 보여주고 모든 기술을 아낌없이 공개한 것은 리골드의 손익계산을 고려하고 한 일이 아니었다. 나에게는 '고객에게 기여가 되기 위해 최선을 다한다'는 가치관이 있었다. 그리고 제품은 기술이 아니라 기업이 가지고 있는 철학으로 만들어진다는 확고한 믿음이 있었다. 그 가치관과 믿음을 실현하기 위해 내린 결정이었으므로 지금 돌이켜봐도 후회는 전혀 없다.

나누면
커진다

기술을 공개할 당시 공장으로 찾아온 사람들은 20여 명이었다. 즐거운 분위기 속에서 최선을 다해 설명했고, 고맙다고 인사해주는 사람들을 보면서 내가 더 고맙고 행복했다. 그러면서 시스마 사의 직원들도 지금 내가 느끼는 이런 행복감을 가졌겠구나 하는 생각이 들었다.

"좋은 제품이 여러 공장에서 생산된다면 훨씬 많은 고객이 행복을 누릴 수 있을 테고, 나아가 온 국민이 혜택을 누릴 수 있을 것입니다. 리골드의 체인 기술이 아닌 대한민국의 체인 기술이 그만큼 경쟁력을 가지길 기대합니다."

나는 견학 온 사람들에게 공장에 있는 모든 기계를 다 보여준 뒤 이탈리아에 가서 경험한 많은 일들을 알려주었다. 이탈리아에서 이 같은 시설을 가지고 최신 공법으로 체인을 쉽고 아름답게 만들어내는 그 생생한 현장을 설명했다.

그날 저녁 직원들이 퇴근을 준비하고 있는 내게 와서 물었다.

"아직까지 사장님의 생각을 정확히 이해하긴 어렵습니다만, 아까 설명하실 때 표정을 보니 진짜 기분이 좋으신 것 같았습니다."

"설명해주면서도 아주 기분이 좋았어. 오늘 왔던 사람들이 이제 앞다퉈 이태리로 가서 내가 했던 일들을 하겠지. 그럼 앞으로 더 좋은 제품을 더 많은 고객이 가질 수 있게 될 게 아닌가. 고객 중 누군가가 나에게 와서 이러이러한 제품을 만들어달라고 한 적은 없었지만, 고객이 틀림없이 좋아할 것이라고 생각했고, 그 만족감을 이뤄주기 위해서 여기까지 온 거야. 갈 길이 아직 멀지만 내 결정을 따라주고 여기까지 같이 와준 것에 대해 고맙게 생각하네."

그 이후로도 소문을 듣고 "좋은 기계들이 있다는데 볼 수 있겠습니까?"라며 찾아온 경쟁사 사장들이 더 있었다. 그들도 역시 내가 직접 공장을 견학시키면서 설명을 다 해주었다.

내가 이탈리아에서 기계를 수입하고 기술을 개방한 것에 대해, 어떤 사람들은 우리나라 체인 기술을 최소한 10년은 앞당겼다고 칭찬해주었다. 하지만 무모한 행동이라고 폄하하며 놀리거나 거만한 행동이라고 손가락질을 해대며 비아냥거린 사람들도 있었다.

기술을 꽁꽁 싸매고 혼자 제품을 생산했으면 그런 빈정거림을 듣지 않아도 됐을 테고, 실제로 독보적인 노하우로 상상할 수 없을 만큼 엄청나게 많은 돈을 벌었을지 모른다. 그러나 혼자서 부를 챙기고 배를 불리는 동안 우리나라의 많은 고객들은 이토록 예쁜 목걸이를 착용할 수 없었을 것이다. 또한 전반적인 우리나라의 체인 기술력이 좋아지는 것도 훨씬 지체되었을 것이다. 무엇보다 중요하게도, 기술 공개는 우리나라 체인 시장에서 긍정적인 의미로서의 자극이 됐다고 생각한다.

기술 공개를 한 뒤 얼마 지나지 않아 이탈리아에서 내 가이드를 해준 친구에게서 전화가 왔다.

"아니, 사장님, 한국의 업체들 여기저기서 전화를 하고 저를 찾는데, 이게 무슨 일입니까?"

나는 그동안의 일을 자세히 설명해주면서 당부의 말을 덧붙였다.

"내가 이탈리아에서 보고 배운 것들을 업계 사람들에게 모조리 알려주었으니, 자네가 이제부터 엄청나게 바빠질지도 모르겠네. 나와 같이 다니면서 알게 된 것들을 상세히 알려주게."

나중에 그 친구는 현지 가이드 생활을 접고 한국으로 들어와서 무역회사를 차리게 되었는데, 그 계기도 내가 기술 공개를 하면서 마련된 것이었다.

그렇게 우리 공장을 찾아와 설명을 듣고 돌아간 모든 업체는 누가 먼저랄 것도 없이 서둘러 이탈리아를 다녀오게 되었다. 그들은 견학 때 본 기계들 가운데 가장 많이 팔리는 제품을 생산해내는 기계부터 한국으로 들여왔다. 하지만 앞서 내가 그랬던 것처럼 수입된 기계를 제대로 다루지 못하고 제품이 언제 생산될지도 모르는 안타까운 시간을 보내야 했다. 결국 지친 사람들은 나에게 연락을 해왔다.

기분 좋은
배신

"사장님, 기계가 잘 돌아가지 않습니다. 죄송하지만 어떻게 기계를 작동시켜야 하는지 알려주실 수 있겠습니까?"

수입한 기계를 작동시켜야 하는데, 연락한 업체 사람도 나와 마찬가지로 작동법을 터득하지 못해 끙끙 앓고 있었다.

우리도 처음 기계를 들여와 정상적으로 가동하기까지 3년이라는 시간이 걸렸다. 그 시간 동안 직접 몸으로 부딪치고 한참을 더듬거리며 기계를 알아가는 힘겨운 과정을 겪었다. 기계를 수입하는 과정만큼이나 정상적으로 작동시키는 과정도 어려움의 연속이었다.

"알겠습니다. 그런데 전화상으로는 쉽게 이해가 안 될 텐데요."

"그럼 어떡합니까?"

"그쪽 기술자를 보내주세요. 모르는 부분이 있으면 다 물어보셔도 됩니다."

"아, 정말이십니까? 너무 감사합니다."

기계는 눈앞에 있는데 제품은 생각대로 안 나올 때의 그 답답함을 누구보다도 잘 알고 있던 터였다. 나는 실무에서 터득한 우리의 노하우를 알려주겠다고 흔쾌히 대답했다. 다만 한 가지만은 절대 안 된다고 못박았다.

"저희 기술자가 기계 작동법을 모두 전수해줄 겁니다. 다만 한 가지는 약속을 해주셔야겠습니다. 우리 공장의 기술자를 빼내 가는 일만은 절대로 하지 말아주세요. 어렵게 획득한 기술을 잃어버린다면 우리 공장도 제대로 가동이 안 되니 말입니다."

공장에서 같이 일하는 직원들은 나와 함께 기술을 익힌 전문가이기도 했지만, 동시에 우리의 기업 이념을 잘 알고 있는 동지들이었다. 기술력의 부재 같은 일차적인 요인 말고도 그들은 내 생각을 함께 실천할 너무나 소중한 사람들이었다. 그렇기에 우리 직원들을 스카우트하려고 하지만 않는다면 기술을 전부 전수할 수 있었다.

실제로 우리 공장을 찾아온 회사의 기술자에게 약 일주일 정도 숙식을 제공하면서 기술을 가르쳤다. 그러나 아깝다는 생각은 전혀 하지 않았다. 고객을 행복하게 해주겠다고 마음먹었으면 기술을 알리고 나누는 것이 당연한 일이라고 생각했다. 더 많은 고객을 기쁘게 할 수 있는 가장 좋은 방법을 스스로 저버릴 이유가 없었다. 내 것인 양 혼자 움켜쥐고 있는 것은 내가 행복을 주고 싶어하는 주체인 고객에 대한 올바른 행동이 아니라고 판단했다. 기계의 작동법도 당연히 공유해야 할 공동의 자산으로 여겼다.

그렇게 나는 오퍼레이팅이 필요하다고 도움을 요청해오면 언제든 기술자를 보내라고 해서 사용법을 알려주었다. 이후 대한민국의 주얼리 업체들은 기술 개발의 시간을 많게는 5년 이상 줄여가며 빠른 시간 안에 우리 회사와 비슷한 수준으로 올라왔다. 나로서는 가슴 뿌듯한 순간이었다.

그러던 어느 날이었다. 기술 전수를 한 후에 다른 업체들도 이탈리아 기계로 제품을 만들어내고 있을 때쯤 직원들이 문제가 있다며 나에게 달려왔다.

"사장님, 소문 들었습니까? 우리한테 기술을 배워간 사람들이 우리가 파는 금액보다 더 싸게 팔고 있습니다. 제가 뭐라고 했습니까? 분명히 뒤통수 맞을 거라고 안 했습니까!"

"하하하, 뒤통수라니. 내가 팔아야 할 걸 다른 사람이 팔아서 손해 봤다, 이런 생각하면 나를 배신하고 뒤통수를 쳤다고도 하겠지. 그렇지만 그게 아닐세."

잘 생각해보면 그만큼 기술을 가르쳐줬는데 아무 일도 일어나지 않으면 그것이야말로 뒤통수를 맞은 것이 아닌가? 그러니 적어도 내가 헛일을 한 것은 아니라는 생각이 들었다. 최소한 내 계산법은 그랬다.

만약에 내가 돈을 벌 목적으로 제품을 파는 사람이었다면 그 모든 행위가 배신이라고 느꼈을 것이다. 하지만 리골드 제품보다 30퍼센트 싸게 팔든 50퍼센트 싸게 팔든 그것은 그 업체에서 정할 일일 뿐이었다. 또한 그것은 후발주자가 자신들의 제품을 알리고 판매를 촉진할 수 있는 가장 손쉽고 간단한 방법일 수 있었다.

나는 단지 지금보다 더 나은 제품을 좀 더 많은 고객이 사용하고 진심으로 행복해지기를 바랐다. 기술을 공개하고 나서 직원들이 걱정하던 것같이 망했을 수도 있다. 어떤 일도 생길 수 있었지만 고객에게 도움이 된다면 그것으로 족했다. 비록 회사는 망하더라도 나와 함께 일하는 직원들은 경쟁업체로 갈 만한 실력을 충분히 갖추었으니 걱정할 것이 없었다. 그리고 다른 사람들이 나보다 더 고객을 만족시킬 수 있다면 나 또한 고객을 행복하게 해줄 또 다른 길을 찾으면 그만이라고 생각했다.

사랑하는 이의
행복은 얼마일까?

우리보다 낮은 가격으로 제품을 내놓는 업체들을 바라보면서 한 가지 걱정거리는 있었다. 이렇게 많은 사람들이 싸게 파는 데만 몰두하면 원가를 낮추기 위해 함량이든 공정이든 어떤 면에서든지 품질을 떨어뜨릴지도 모른다는 것이었다. 처음 기술을 공개한 의도와 달리, 혹시라도 완벽하지 않은 제품들 때문에 고객들이 실망하진 않을까 무척 염려스러웠다.

나로서는 대한민국뿐만 아니라 전 세계의 고객들을 전부 내 가족처럼 생각했고, 리골드에서 제품을 만들어내는 속도만으로는 부족하다고 판단해서 기술 공개를 한 것이었다. 고객들이 다른 공장의 제품을 사면서 우리 제품을 사는 것과 같은 행복감을 느끼고 즐길 것이라 생각했는데, 품질이 떨어져서 실망하는 고객들이 생기면 어쩌나 하는 걱정에 가슴이 아팠다.

나는 제품이 팔리든 안 팔리든 그 자체에는 신경을 쓰지 않았다. 고객이 리골드 제품을 사용하며 행복을 느낄 수 있도록 우리가 가진 모든 기술과 정성을 다 쏟아 제품을 만들고 내보내는 것이 전부였다. 실제로 우리는 제품 가격을 정하는 데 할애하는 시간을 상당히 아까워했다.

당시 우리는 무엇보다 최고로 좋은 품질의 제품을 만드는 데 드는 생산 원가를 근거로 판매 가격을 결정했다. 시중에 거래되는 다른 제품의 가격은 크게 신경 쓰지 않았다. 또한 '최대의 이윤'을 목표로 하지도 않았다.

그저 내 가족이 사용할 제품이라는 생각으로 우리가 가진 최상의 기술과 정성을 쏟아서 제품을 만든 뒤 그에 합당한 생산 원가를 정했다. 그래서 처음 의도와는 다르게 시중 제품보다 가격은 다소 비싸게 책정되었다. 그럼에도 품질이 좋다고 확신하는 고객들은 리골드 제품을 선택해주었다.

이렇게 가격을 정하는 정책은 지금까지도 유효하다. 여전히 시중 제품들보다 비싸기는 하지만 품질은 당연히 더 우수하다고 자부하고 있으며, 리골드를 선택해준 고객들에게는 항상 고마운 마음을 갖고 있다.

나를 비롯한 업계 사람들이 세계 최고 수준의 목걸이를 만들어내면서 리골드 기술로 만든 제품들을 수출까지 하기에 이르렀다. '100만 불 수출의 탑' 수상을 시작으로 그 뒤 계속해서 300만 불, 500만 불로 금액을 갱신해나갔으며, 1998년에는 '1000만 불 수출의 탑'과 '철탑산업훈장'까지 받게 되었다. 주얼리 업계에서는 처음 있는 일이었다. 그러니 세계 최고 수준의 제품이라는 자부심은 허튼 것이 아니었다.

조금 더 많은 사람들에게 기여가 되고 싶은 마음은 그 밖에도 여러 가지 행동으로 이어졌다.

누구나 한 번쯤 반지를 사려고 주얼리 매장에서 손가락 굵기를 재본 적이 있을 것이다. 지금이야 손가락 사이즈를 잴 때 사용하는 게이지가 전국적으로 통일된 규격품이라 A업체에서 잰 손가락 사이즈를 B업체에서 다르게 재는 경우는 없다. 그러나 초창기에는 금방의 게이지 호수와 공장의 게이지 호수가 각기 달랐다. 그래서 "이 반지 만들 때 사용한 게 무슨 게이지 몇 호입니까?" 하고 일일이 확인을 해야 했고, 만드는 사람과 판매하는 사람 사이에 불러주는 사이즈가 맞지 않아 여간 불편한 것이 아니었다.

무엇보다 그 불편함과 번거로움은 고스란히 고객의 몫으로 돌아갔다. 돋보이고 싶은 특별한 날에 맞춰 끼어야 하는데 사이즈가 맞지 않는 제품을 받기도 했고, 사용하던 반지를 늘이거나 줄일 때도 같은 문제가 발생했다. 결국 부산판매업중앙회에서 우리 업계에 이런 문제가 있다며 나에게 해결 방법을 문의해왔다.

"공장이건 금방이건 각자 아무리 좋은 게이지를 만든다고 해도 통일이 되지 않고서는 이 문제가 해결이 안 될 것 같네. 무슨 방법이 없을까?"

"이건 꼭 해결해야 할 문제이긴 한데, 당장 해결할 수 있을 것 같지는 않아 보입니다. 방법을 한번 찾아보겠습니다."

그러고는 국내의 게이지 공장을 수소문하기 시작했다. 국내의 게이지 공장은 아주 소규모인 데다 영세하여 제대로 된 게이지를 만들 정도의 시설을 갖추고 있지 않았다. 눈을 돌려 일본 쪽으로 시장조사를 해보다가, 전 세계적으로 가장 확실하게 인정을 받고 있는 게이지 공장이 있다는 것을 알게 되었다. 나는 통역해줄 사람과 함께 일본의 게이지 공장을 직접 찾아갔다.

당시 우리나라에 약 9000여 개의 금방이 있었는데, 나는 영남 일대에 필요한 게이지 수를 5000개로 예측했다. 그래서 일본 공장 견학을 마치고 그 즉시 5000개를 주문했고, 약 열흘간의 작업 기간을 거쳐서 주문한 게이지가 도착했다. 게이지를 받자마자 리골드의 영업사원들이 금방과 공장에 나눠주기 시작했다. 나는 우리 산업 전체에 도움을 주는 일이라고 믿었기에, 사비를 털어서 만든 게이지를 나눠주면서도 아깝다고 생각하지 않았다. 오히려 내가 도움이 될 수 있음에 감사했다.

'어떤 게이지의 몇 호인가?' 하는 질문을 심심찮게 하던 때였으니, 일단 리골드 이름을 새겨서 나눠주었다. 이름 없는 게이지를 나눠주면, 사용하면서 '어떤 게이지 말이야?', '그게 무슨 게이지인 줄 알고 사이즈를 맞추나?' 하는 식으로 혼란만 더해질 수 있었기 때문이다.

이렇게 통일된 게이지를 만들어 전 지역에 나눠준다고 해서 회사의 수익이 오르거나 하는 것은 아니었다. 게이지 제작에 사용된 비용이 제품 원가에 포함되었는가? 그것도 전혀 아니다. 대가 없이 주는 것이었지만, 그것으로 사업을 하는 많은 사람과 고객에게 도움이 될 것이라는 생각만 했다. 굳이 이익을 꼽자면, 리골드에 대한 광고 효과는 있었을지도 모른다. 그때 게이지를 구매하는 데 들어간 비용이 1억 가까이 되었는데, 그 광고 효과가 1억이 되었을지, 1000만 원도 되지 않았을지 나는 모른다. 어쨌든 나로서는 게이지를 나눠주는 데 따른 광고 효과를 기대하기보다는 우리 업계에서 당장 불편을 겪는 부분을 해소하겠다는 마음으로 결정한 일이었다. 다행히 그 뒤로 부산 경남 일대에서는 더 이상 사이즈로 문제가 생기는 일이 없었다.

개선하고
또 개선하다

                게이지 통일처럼 간단히 해결한 경우도 있지만, 수백 번의 실패를 거듭한 일들도 많았다.

체인 목걸이를 만들 때의 일이다. 체인 목걸이를 만들기 위해서는 금사金絲라는 아주 가느다란 실 같은 것을 뽑아내는 작업을 한다. 금사를 롤러에서 만들 때 우리가 뽑고자 하는 금사의 굵기가 1밀리미터라면 처음부터 1밀리미터를 만들 수 있는 것이 아니다. 10밀리미터를 롤러에 넣고 늘여서 9밀리미터로 만들고 다시 8밀리미터, 7밀리미터, 이런 식으로 계속 반복하고 나서야 1밀리미터 금사가 탄생한다. 이 과정을 '롤러 감면'이라고 한다. 이 작업에서는 최상의 감면율을 찾는 것이 가장 중요하다. 금사를 가늘게 만드는 과정에서 감면율이 높으면 금가루가 많이 생기고, 감면율이 너무 낮으면 선이 구불구불해져서 작업 시간이 지체되기 때문이다. 결국 이런 문제점은 생산 원가가 높아지는 문제로 이어질 수밖에 없다.

예를 들어 롤러 감면율이 10밀리미터에서 9밀리미터가 되어야 하는데, 9.2밀리미터가 된다고 치자. 그러면 0.2밀리미터만큼 금이 무리하게 깎여 나간다. 그래서 가루가 많이 생기면서 손실분이 발생하게 된다. 체인 옆으로 깎인 가루가 생기고 표면이 거칠거칠해지면서 작업 자체가 깨끗하게 안 되니 다시 만들어야 하고, 결과적으로 작업 시간은 더 오래 걸린다.

이와는 반대로 8.9밀리미터가 들어간다면, 10번 통과할 것이 11번을 통과하게 되니 작업 시간이 오히려 더 길어지는 결과가 발생한다. 일정하게 늘어나서 제품이 똑바로 나와줘야 하는데 한쪽에는 많이 늘어나고 한쪽에는 적게 늘어나면서 꾸불꾸불해지는 결과를 초래한다. 이것도 역시 불량률을 높이는 요인이 된다. 가장 이상적인 감면율을 찾아야만 로스도 적게 생기고 품질도 제대로 나오는 것이다.

그래서 나는 현재 사용하고 있는 기계에 만족하지 않고 좀 더 좋은 성능으로 고쳐 쓰면 좋겠다고 작업을 할 때마다 생각했다. 하지만 이렇듯 궁금한 점들이 많이 생겨도 묻는 그 자체가 이상한 행동이었다. 그 정확한 수치를 누가 알고 있는지도 몰랐고, 안다고 해도 기술을 쉽게 가르쳐줄 리 없었다. 결국 나 스스로 실험을 해서 해결하는 수밖에 없었다.

의문을 놓지 않고, 가장 이상적으로 작업할 수 있는 방법을 찾아보았다. 그 미세한 차이에서 최상의 감면율을 찾기 위해 얼마나 많은 실험을 했는지 모른다. 똑같은 작업을 매일 밤낮으로 수십 번씩 하면서 일일이 열거할 수도 없을 만큼 엄청나게 고생했다. 결국 감면율을 조금씩 줄이고 늘려가면서 수천 번의 실험을 한 끝에 가장 이상적인 감면율을 찾게 되었다. 그 감면율대로 설계된 기계를 써보니 제품이 완벽하게 나온 것이다.

그 당시 국내에서 만든 롤러들은 엉망이었고, 이탈리아에서 수입한 기계도 내가 설계한 감면율보다는 떨어졌다. 이상적인 감면율을 적용한 기계를 사용하다가, 더 좋을 것이라는 기대감에 이탈리아 기계를 수입했었다. 하지만 놀랍게도 우리가 찾아낸 수치가 얼마나 정확했는지, 이탈리아산 롤러의 작업 로스가 우리가 제작한 기계보다 3배가량 더 많았다.

나는 당장 이탈리아 기계업체에 전화를 했다.

"안녕하세요. 기계를 수입한 리골드입니다. 보내주신 기계로 작업을 했더니 시간은 조금 빠른데, 로스가 많아 금 손실이 생기는 것을 확인했습니다."

그랬더니 그쪽에서도 난리가 났다.

"무슨 소리입니까? 이 감면율로 전 세계 사람들이 다 쓰고 있고 한 군데서도 컴플레인이 없었는데, 왜 당신만 그런 소리를 합니까?"

내가 쓰고 있는 기계와 비교해서 발생하는 문제점을 이야기해주었고, 그 때문에 로스가 엄청나게 많이 생긴다고 차분하게 설명을 해주었다. 그래도 이탈리아 업체에서는 믿지 않는 눈치였다. 말도 안 되는 소리라면서 진짜인지 아닌지 확인을 해야겠다며 흥분된 어조로 따졌다.

"그럼 내가 해달라는 감면율대로 기계를 만들어 보내주시겠습니까?"

"도면을 보내고 따로 제작비를 주면 만들어드리겠습니다."

나는 도면을 직접 그려 보내주면서 그대로 만들어달라고 요청했고, 얼마 후 이탈리아 기계업체는 내가 원하는 감면율대로 제작한 기계를 보내주었다. 내가 알기로는 그 뒤로 이탈리아의 업체들도 내 도면의 감면율을 적용하여 기계를 수정했다.

"Lee, tu sei molto particolare(넌 참 괴짜다)."

기계와 함께 온 편지에는 '괴짜particolare'라는 말이 적혀 있었다. 동양의 조그마한 나라에서 체인을 배우러 가겠다고 애원하던 사람이 롤러 감면율까지 체크하고 도면을 직접 그려서 만들어달라고 했으니, 그 사람들이 보기에도 나는 분명 평범한 사람은 아니었던 것이다. 그 후 우리 공장으로 시스마의 직원이 왔을 때 그 직원은 나에게 도면을 직접 그린 것이 사실이냐고 물었고, 나는 괴짜라는 말은 칭찬이냐고 물어보고는 서로 웃었다.

제품을 대하는 마음가짐에서 나는 남들과 달랐다. 제품을 돈벌이의 수단으로 생각한 것이 아니라, 고객을 행복하게 만드는 도구로 바라본 것이다. 그 도구는 더 아름답고 강렬하며 최고의 기분을 느끼게 해주는 것이라야만 했다. 어떻게 하면 원가는 좀 더 낮추고 품질은 좀 더 높여서 고객에게 저렴한 가격으로 만족을 줄 수 있을까? 어떻게 하면 좀 더 예쁘게 만들 수 있을까? 이런 고민을 끝없이 하다 보니 제품을 만드는 모든 과정에서 털끝만큼도 빈틈이 있을 수 없었고, 아주 사소한 것까지도 전부 다 보였다. 그 결과 이탈리아보다 훨씬 더 나은 기계로 제품을 생산해낼 수 있었던 것이다.

돈을 벌기 위해서만 일하는 사람이라면 그 경지까지는 못 갈 것이다. 그런 사람들은 정해지고 만들어진 대로 기계를 사용해서 빨리 제품을 만들어 팔아야 당장 돈을 벌 수 있다고 생각하기 때문이다. 쉽게 만들어서 빨리 돈만 받고 물건을 파는 사람들이 볼 때는 이런 실험을 하고 기계를 개발하는 것 자체가 돈과 시간이 많이 드는 손해 보는 행위다. 결국 나의 실험은 고객을 위해 일하는 사람이 이긴다는 것을 보여주는 좋은 예이기도 하다.

벌어서 베풀지 말고
베풀어서 벌어라

내가 사업을 시작한 것은 '고객에게 세상에서 가장 아름다운 목걸이를 선물하겠다'는 마음을 가지면서부터였다. 하지만 처음에는 생각한 수준만큼의 제품이 만들어지지 않았다. 속이 상했지만, 그것조차 만들어놓기만 하면 사려는 사람이 줄을 설 정도였으니 굳이 마케팅이라는 것을 신경 쓸 필요도 없었다.

그렇지만 나는 정말로 세상에 없는 제품을 내놓고 싶었다. 단순한 제품이 아니라 작품을 만들어내고 싶었다. 보는 순간 모두가 만족하고 미소가 저절로 지어지는 그런 작품 말이다. 그렇게 고객들에게 기쁨을 주기를 바랐다.

상상 속에 있는 것을 현실에 내놓는 일이야말로 참된 고객 만족이라고 생각한다. 스티브 잡스도 "많은 경우 원하는 것을 보여주기 전까지 사람들은 무엇을 원하는지도 모른다"라고 하지 않았는가. 고객이 기대하는 것을 넘어 상상하지도 못한 제품으로 그들의 욕구를 충족시켜야 한다.

모두가 그런 건 아니지만, 우리 주변에는 자기 돈벌이를 위해 '고객 만족'이라는 슬로건을 외치며 과장된 마케팅으로 고객을 속이는 경우가 허다하다. 그렇게 해야 물건이 팔리니 제품 판매 수단으로 이용하고 있는 것이다. 사람들의 기억에서 잊힐 만하면 꼭 한 번씩 발생하는 먹거리나 생필품 문제도 마찬가지다. 기업들은 올바른 방법으로 제품을 만든다고 말하지만, 실제로는 돈벌이를 위해 고객을 속인 것이다.

결국 고객은 알려진 사실과 다르다는 것을 깨닫고는 허탈해하는 경우가 허다했고, 심지어 억울한 일을 당하기도 했다. 그때마다 분통을 터트리며 어떻게 이럴 수가 있느냐고 화를 내기도 하고, 더 이상 기업들의 말을 믿지 못할 것 같은 실망감도 가졌지만, 이런 일은 시간이 지나면 또 벌어지곤 한다.

더 이상 이런 일이 반복되지 않으려면 돈벌이를 위해 고객을 속이려는 마음이 없어져야 한다. 삶이라는 것은 결국 끊임없이 남을 위해 살아가는 과정이다. 나의 능력을 소중히 사용해 타인을 돕고, 타인을 위해 기여하겠다는 마음을 가질 때 사회가 좀 더 성숙할 수 있다.

고객은 항상 바쁘다. 그래서 광고나 마케팅을 통해 기업들이 하는 말을 다 믿고, 그들이 그렇게 행동하리라 기대한다. 그러니 절대로 거짓말을 해서는 안 된다.

윌리엄 테일러가 쓴 《차별화의 천재들》이라는 책에는 테네시 주 킹스포트의 팰스라는 패스트푸드점 이야기가 나온다. 팰스가 시행하고 있는 '서든 서비스'는 드라이브 스루 시스템인데 주문하기까지 평균 18초, 반대편 창문에서 음식을 받기까지 평균 12초가 걸린다고 한다. 미국에서 두 번째로 빠른 패스트푸드점도 음식을 받기까지 1분 이상 걸리는데 그보다 네 배나 빠른 속도다. 그들은 말한다. "고객들은 우리와 시간을 보내러 오는 게 아닙니다. 그들은 할 일도 많고 시간도 없어요. 우리는 그들이 일상을 잘 보낼 수 있도록 도와줍니다."

그들은 고객의 하루가 좀 더 행복할 수 있도록 충분한 기여를 하고 있는 것이다. 빠르기만 한 것이 아니라, 주문에 대한 실수도 없고 맛도 고객의 욕구를 충족시키기에 충분하다. 또한 그들은 각계각층의 사람들에게 강의를 할 정도로 뚜렷한 고객 서비스정신을 가지고 있다. 매출이 엄청난 것은 당연하다.

오직 고객을 돕겠다는 생각만 하다 보니 누구보다 경쟁력을 갖게 되었고, 경쟁력을 갖추다 보니 결국 성공하게 되는 것이다. 요컨대 돈은 철저히 부산물이어야 하며, 그것이 목적이 된다면 그 인생은 실패하고 만다.

돈벌이를 위해 남을 도와서는 안 된다. 돈을 벌기 위한 수단으로 고객 만족을 부르짖으면 안 된다. 나는 스스로 만족을 느끼고자 미지의 세계를 탐험하듯 고객 만족이라는 어려운 숙제를 풀기 위해 공들여왔다. 밤낮으로 온 힘을 쏟는다는 것은 생각만큼 쉬운 일이 아니었다. 때론 육체적 고통도 수반되었다. 하지만 포기할 수 없었던 것은 고객이 행복을 맛보기 전에 내가 먼저 행복에 빠지는 그 매력 때문이었다.

그렇다면 고객의 결정은 항상 옳은가? 자신의 가치관이 확실히 정립되어 있다면 그 답은 명확히 나온다고 생각한다. 고객의 선택을 존중하지 않을 도리는 없다. 그것이 옳고 그르고를 떠나서 받아들일 수밖에 없다. 고객은 어디로 가지 않는다. 그렇지만 항상 나만 보고 있는 것도 아니다. 과거의 만족스러웠던 방법으로 오늘날 고객의 요구를 충족시킬 수 있는 것도 아니니, 고객은 이기적일 수 있다. 고객의 결정은 항상 변화무쌍하고 예측하기가 어렵다. 섭섭한 마음이 들 수도 있고 억울할 수도 있다.

그러나 '나의 능력으로 타인을 돕기 위해 최선을 다하고 있는가?'라는 질문에 스스로 그렇다고 대답할 수 있다면 고객을 조금이나마 이해하게 될 것이다. 나에게 고객 만족이란 내가 살아가는 데 있어 진정한 가치를 느끼기 위함이고, 내 삶의 진리를 탐구하기 위함이다. 일하면서 '나는 최선을 다해 남을 돕고 있다, 상대가 만족해하고 행복할 것이다'라고 생각하는 것이다. 그 과정에서 순수한 의도를 의심받고 매도당하기도 하고, 심지어 욕을 먹을 수도 있다. '아무도 몰라주고 나만 손해 보는 일을 왜 계속 하고 있는 거야?'라며 억울한 마음이 들 수도 있다. 하지만 그런 마음은 최소한으로 다스려야 한다. 내가 끊임없이 남을 위해 살 수 있었던 것은 결국 '나의 능력을 다른 사람에게 기여하고 싶어 하는 마음'을 잃지 않았기 때문이다.

나는 적어도 내 모든 것을 다 바쳐 노력했기 때문에 고객은 틀림없이 행복을 느꼈을 거라고 믿는다. 그리고 고객의 환한 웃음을 상상하며 나도 웃을 수 있었다. 그것은 일하면서 늘 만족과 행복을 느낄 수 있는 가장 확실한 열쇠다. 그렇게 살다 보면 결국 자신에게 이렇게 말하게 된다.

나는 남을 도왔다. 그래서 당당하고 떳떳하다.

나의 도움을 받은 고객은 만족했을 것이다. 행복할 것이다.

아니 '행복하다'고 단언했고 '만족을 느낀다'고 자신했다. 그랬을 거라고 지금도 믿어 의심치 않는다.

위기의
시간들

그즈음 나에게는 무언가 해결되지 않은 듯한 목마름과 아쉬움이 있었다. 전국적으로 나의 기술을 전수받은 체인회사들이 그들의 제품을 고객들에게 제공하고 있었지만, 한편으로는 여전히 우리 제품을 접할 수 없는 고객들이 있지 않을까 걱정이 되었다. 많은 고객들이 리골드가 서울로 진출하기를 원하는 것처럼 느껴졌다.

게다가 당시 운영상의 문제도 있었다. 처음 체인을 시작할 때의 공장은 지하 건평 60평, 1층 40평, 2층 20평이 되는 건물이었고, 이탈리아에 다녀와서 세운 공장의 규모는 대지 230평에 건평 500평이었다. 체인 공장 중에서는 전국에서 가장 큰 규모였지만 이 공장조차 금세 좁아터질 지경이 되었고, 결국 다시 공장 이전을 고려해야 하는 순간이 왔다.

　뿐만 아니라 당시 리골드는 일본을 비롯하여 싱가포르와 두바이 등지로 수출이 급증하는 추세였고, 고객들은 전 세계에 두루 퍼져 있었다. 글로벌 시장의 피드백을 확인하고, 해외 수출의 허브 역할을 제대로 해내며, 국내 고객의 요구 사항을 파악하는 등의 일을 처리하기에 부산은 모든 조건에서 서울보다 불편한 점이 많았다. 그렇다 보니 공장이 새로 설립되어야 할 곳은 인프라 측면에서 서울이어야 했다.

　나는 서울로 진출해야겠다고 마음먹고, 그때부터 장소를 고민하기 시작했다. 1986년 이탈리아에서 기계를 수입한 후로 직원들은 점점 늘어서 서울로 회사를 옮기겠다고 결정한 즈음에는 핵심 기술자만 80여 명이었고, 일반 기술자와 다른 직원들까지 합치면 120명에 이르렀다.

　먼저 공장부터 옮겨야 했다. 나는 서울뿐 아니라 수도권 전체를 아울러 다니며 꼼꼼히 알아본 뒤, 공항에서 가까운 김포 쪽에 터전을 마련하기로 결정했다. 당시에는 길옆으로 군사 초소가 많고 도로도 김포시청 앞까지만 2차선 포장이 되어 있는 시골로, 지금의 모습을 상상하기도 어려울 정도였다.

　공장을 옮기기 위해서 부지를 매입한 것은 1996년이었다. 건축사와 상담을 하면서 공장의 전체적인 콘셉트와 사용 용도를 상세하게 설명해주었다. 필요한 경우에는 치수를 직접 계산해 알려주었고, 건축사는 세부 사항을 정리하여 설계도를 마무리했다. 공장을 세우면서부터는 직원 몇 명을 김포로 올려보내 계속해서 긴밀히 연락을 주고받았다. 동시에 나는 직원들을 한 명씩 불러서 면담을 시작했다.

먼저 공장에서 오랫동안 일해온 핵심 기술자들과 대화를 했다.

"자네는 회사 이전에 대해 어떻게 생각하는가?"

"아니, 왜 이만큼 잘되고 있는 상황에 굳이 회사를 그 먼 곳에다가 지으려고 하십니까?"

사실 본사를 부산에 두고 서울 지사를 세우는 것도 아니고 회사 전체를 들어서 옮기는 엄청난 작업이었다. 공장 기계를 옮겨서 다시 세팅하는 것은 차치하고 그 기계를 작동시킬 직원들이 올라와줘야 했다.

"현재 우리의 수출 상황으로 봐서는 지역적인 한계가 분명히 있다고 판단했네. 그리고 지금 체인을 만드는 기술은 비슷해졌지만 리골드만이 고객에게 기여할 수 있는 부분이 아직 많다고 생각하네. 고객의 눈은 점점 더 높아지고 있는데 부산에서는 그 요구에 대한 파악이 제때 이루어지지 않는 것 같아. 더 많은 고객을 만나려면 서울이 아니더라도 적어도 수도권으로는 회사를 옮겨야 한다고 생각하네."

"맞습니다. 저도 사장님의 생각이 옳다고 생각합니다. 우리는 여전히 할 일이 많고, 업계가 다 함께 잘살기 위해서는 사장님

같은 분이 좋은 선례를 만드셔서 계속 앞으로 나아가야 할 겁니다. 하지만……."

그는 잠시 머뭇거리더니 하기에도, 또 듣기에도 힘든 말을 꺼냈다.

"죄송합니다. 저를 비롯한 많은 사람들이 부산에서 태어나고 자란 토박이들입니다. 생활터전이 여기에 있고 무엇보다 아이들이 서울로 전학을 가려고 하지 않습니다. 저 혼자 쉽게 결정할 수 있는 문제가 아닙니다."

다른 직원들도 입장은 비슷했다.

"사장님과 뜻은 같이하지만 저는 올라갈 수가 없습니다."

"멀리서나마 회사의 발전을 진심으로 빌겠습니다."

80명의 직원들과 꼼꼼히 면담을 마친 기분은 참담했다. 최종적으로 회사를 따라 김포로 가려고 결정한 사람들은 절반도 채 되지 않는 30명 남짓이었다. 나는 결혼한 직원들에게는 집을 구하는 데 드는 비용을 보조해주고, 미혼 직원들을 위해서는 공장에 기숙사를 따로 마련해 타지의 생활비가 최소한으로 들 수 있도록 했다. 그리고 한 달에 두 번씩 부산에 다녀올 수 있도록 비행기 값을 지원하겠다는 약속도 했다. 하지만 직원들이 터전을 옮기는 것은 생각만큼 간단한 일이 아니었다.

본인들의 잘못이 아니니 직원들의 마음도 괴롭고 안타까웠을 것이다. 함께하지 못하는 직원들을 일일이 위로하면서 내 마음도 그들 못지않게 괴로웠다. 우여곡절 끝에 30여 명의 직원들과 함께 김포로 이전했는데, 따라온 사람들 역시 괴로운 날들이 시작되었다. 막상 올라오기는 했지만 서울이 아닌 김포라는 지리적 배신감에, 부산을 떠나온 향수병을 견디지 못하는 직원도 생겨났다. 이전을 하고 6개월이 지나자 직원들은 20여 명밖에 남지 않았다.

좀 더 많은 고객을 만나겠다는 열정이 오히려 아무것도 할 수 없는 상황으로 밀어 넣은 것만 같은 느낌이었다. 직원들로 북적이리라고 기대하며 만든 공장은 스산함마저 감돌았고, 텅 빈 공장처럼 내 마음도 텅 비어 허탈함에 힘이 쭉 빠져버렸다. 주문은 엄청나게 밀려 있고 생산해야 할 제품들은 산더미인데, 기능공이 절반 이상 빠져버리고 프로세서는 너무나 달라져버려 생산량은 당장 절반 이하로 뚝 떨어졌다.

모든 일이 다 그렇겠지만 주얼리 분야도 아무나 일을 할 수는 없고, 어느 정도 수준에 이르려면 경력이 적어도 3년 이상은 되어야 했다. 공정을 완벽하게 소화하려면 5년에서 10년 정도는 되어야 하는데, 1년 차건 3년 차건 사람 자체가 없으니 공장이 그야말로 마비 상태였다.

내가 할 수 있는 일은 그저 계속 사람을 구하면서 끊임없이 훈련을 시키고, 불량이 나오면 다시 만들고 하는 것밖에 없었다. 그러나 초보자들을 일대일로 교육할 수는 없는 노릇이었다. 기능공 한 명에 초보자들이 몇 명 붙어서 작업을 진행했고, 그러다 보니 품질도 한동안은 기존 제품보다 떨어졌다.

불량률은 다소 높았지만 검사 기준을 통과하지 못한 제품은 내보내지 않았으므로 고객에게 전달되는 제품에는 문제가 없었다. 하지만 역시 납기일이 문제였다. 원래는 보통 4~5일 내지 늦어도 열흘 정도인데 두 달, 아니 석 달을 기다려도 원하는 제품을 내보낼 수가 없었다.

나중에 알게 된 사실이지만, 리골드가 수도권으로 올라온다는 소문이 돌 때 업계에서는 엄청나게 긴장했다고 한다. '리골드가 전국의 귀금속 업계를 다 잡아먹으러 올라온다'는 소문을 시작으로, 모든 주얼리 업계의 사람들이 이젠 끝났다고 생각하고 있었다. 하지만 공장을 세팅하는 과정에서 리골드는 업계의 우려와는 정반대로 너무나 헤맸다.

그러자 이번에는 '리골드에 주문을 넣으면 안 된다'는 말이 돌기 시작했다. 무리하게 회사를 키우려다가 제풀에 넘어져서 망하게 되었다는 말을 하고 다니는 사람들도 있었다. 그런 말을 하도록 내버려둘 수밖에 없어 속상했지만, 우리는 그저 기술이 정상화되기까지 시간이 빨리 흐르기만을 바랄 뿐이었다.

그야말로 공장은 문을 닫기 직전까지 갔다. 하지만 그 상황에서도 나는 우리 제품을 기다리는 고객이 아직 엄청나게 많이 있음을 떠올렸다. '오늘 이 하나의 주문서를 넣은 고객을 위해 나는 완벽한 제품을 만들어서 제공할 의무가 있다. 다른 것은 있을 수가 없다.' 수많은 감정이 교차했지만 이 생각만으로 하루하루를 보냈다. "겁약한 병사는 자기 한 사람에게만 영향을 주지만 겁약한 장수는 전체를 위험에 빠트린다"는 제갈량의 말을 떠올리며, 나는 평정심을 가지고 묵묵히 우리가 가진 역량을 최대한 쏟아붓는 데 최선을 다했다.

미디어 전략가인 라이언 홀리데이는 《돌파력》이라는 책에서 이렇게 질문하고 있다. "우리는 장애물, 혹은 장애물을 설치한 사람을 통제할 수 없다. 그러나 우리 자신은 통제할 수 있다. 그것만으로 충분하다. 우리의 결심을 위협하는 가장 큰 적은 '우리에게 일어나는 일'이 아니라 바로 우리 자신이다. 당신은 당신 자신의 가장 큰 적이 되고 싶은가?"

그렇다. 모든 일은 내 마음가짐으로 통제할 수 있다. 이 일을 겪으면서 느낀 점은 스스로 '이 정도면 되겠지'라는 생각을 가져서는 안 된다는 것이었다. 쟁취하기 어려운 것일수록 결정의 순간에 놓였을 때 들려오는 타협의 목소리는 항상 달콤했다. 그러나 나는 달콤함에 취한 대가가 얼마나 가혹한지 너무나 잘 알고 있었다. 만약 그때 내가 스스로와 타협했다면 오늘날 리골드는 존재하지 않았을 것이다.

이후에도 나는 그러한 경험을 잊지 않고 '이만하면 됐다'는 식의 안일한 행동을 하지 않도록 더욱더 조심했고, 혼신의 힘을 다해 고객을 만족시킬 수 있도록 최선을 다했다.

밑바닥까지 추락한 리골드가 내가 생각한 수준까지 올라오는 데는 3년 정도가 걸렸다. 2000년을 앞두고 드디어 전 직원 앞에서 '이전이 완벽하게 마무리되었다'고 공표할 수 있었다. 1999년 3월, 리골드 김포 시대의 시작이었다.

리골드
김포 시대의 개막

설레던 기분도 잠시, 힘들어했을 직원들에게 리골드가 김포 시대를 맞이할 수 있도록 최선을 다해준데 대해 감사의 마음을 전했다.

오늘 이 자리에서 리골드가 수도권에 무사히 안착했음을 알리고 여러분의 노력에 박수를 보냅니다. 지금 옆에 있는 직원들을 바라보면서 서로에게 감사와 격려의 인사를 전할 수 있는 것은 첫 번째로 여러분의 노력 덕분이고, 두 번째로 우리의 고객 덕분이었습니다.

기업의 자산은 직원의 능력과 가치관이라는 것을 다시 한번 느꼈습니다. 힘든 시간이었지만, 과연 이 길이 올바른 것인가를 묻는 질문에 고객들은 다시 한 번 나의 선택이 옳았음을 증명해주었습니다.

저는 삶이란 결국 남을 위해 살 수밖에 없는 구조라고 생각합니다. 또한 누가 더 많이 돕고 적게 돕느냐, 그것에 따라서 인생의 성패가 나뉜다고 항상 강조하고 있습니다. 그런 의미에서 기업도 고객에게 도움이 될 수 있는 한 영속할 수 있다고 자부합니다.

고객에게 만족을 줄 수 있다는 것은 곧 경쟁력이 있다는 뜻입니다. 기여의 양이 많아진다고 하는 것은 돈과 명예를 가질 수 있는 지름길을 찾았다는 의미입니다.

이제까지 저는 제 개인의 욕심을 채우기 위해 기업을 운영해오지 않았다고 자부합니다. 고객에게 기여할 수 있는 기회를 끊임없이 활용하면서 우리 회사도 그만큼의 발전을 해왔습니다. 고객을 향한 우리 회사의 진정성에 대해서는 그 누구도 의심하지 않을 것이라 생각합니다. 앞으로도 고객이 만족하고 행복을 느낄 수 있는 일이라면 저는 모든 역량을 다 쏟을 것입니다.

여러분도 제가 체인을 처음 만들 때 가졌던 생각을 함께 실천해줬으면 좋겠습니다. 기업 이념은 제가 혼자서 떠든다고 만들어지지 않습니다. 그리고 기업 이념은 만드는 것이 아니라 실천하는 것입니다. 내가 가장 사랑하는 사람들에게 줄 선물을 만든다, 이 간단한 원리를 잊지 않길 바랍니다.

성공의 의미가 '돈을 많이 번 것'인지, 아니면 '도움이 된 것'인지를 물어보는 사람들에게 나는 도움을 주는 것 자체가 돈을 많이 번다는 뜻이고, 그 둘은 서로 긴밀하게 연결되어 있다고 말해주고 싶다.

인생이란 경쟁에서 돈을 목적으로 하는 사람과 기여를 목적으로 하는 사람의 일대일 매치가 벌어진다면, 기여하는 능력이 앞서는 사람이 훨씬 가속도가 빨리 붙는다. 그러니 당연히 결승점을 먼저 통과하고, '부와 명예'라는 상을 받게 된다. 돈을 목적으로 한 사람에게도 상이 주어지겠지만, 기여하고자 하는 사람이 받는 상과는 비교할 수 없다.

회사를 이전하기까지 힘든 과정을 견디고 함께해준 직원들에게 나는 다시 한 번 미안하고 고마웠다. 그 모든 어려움이 나 때문이라 생각하니 미안했고, 고객의 삶에 기여하겠다는 가치관을 행동으로 옮긴 나의 결정을 직원들이 함께 공유해준 것이 고마웠다.

모든 책임은 나에게 있었다. 어려운 일이 생기면 우리는 흔히 남 탓을 한다. 하지만 남 탓을 하게 되면 출구를 찾고자 해도 답이 없고, 자신의 부족한 부분에 대해 보충할 생각도 하지 못한다. 모든 문제를 자기 책임으로 놓고 생각해야 다음이 있는 것이다. '저 사람 때문이었어'라는 식의 남 탓은 스스로 성장할 수 있는 기회를 제 발로 차버리는 격이다. 잘못이 다른 사람에게 있으니 자신은 아무리 봐도 고칠 점이 없다고 느끼는 것이다. 그러니 노력을 하지 않게 되고 그 결과 아무런 발전이 없다. 그런 인생은 앞질러갈 수도 없고, 사람들이 어렵게 성취하는 성공이라는 것을 할 수도 없다.

나는 모든 일에 대한 책임이 나에게 있다고 생각했기에 '과연 어떻게 고쳐야 내가 기대하는 결과를 만날 수 있을까' 하는 생각을 할 수 있었다. 그러다 보니 답을 찾을 수 있었고 부족한 부분을 개선할 수 있었다. 만약 힘든 과정에서 직원들을 원망하고 탓했다면 회사는 3년 만에 정상화되지 않았을 것이다.

나는 리골드 김포 시대를 맞이하면서 개인의 '삶의 가치'나 회사의 '기업 이념'이란 존경심이 우러나고 따를 만한 가치가 있어야 한다는 것을 깨달았다. 직원들도 자신이 따라가고 있는 길이 맞는지 아닌지는 충분히 인지하고 있다. 그렇기 때문에 억지로 이끌어도 바른길이 아니라면 따라오지 않는다. 억지로 시키는 것은 리더십이 없기 때문이다. 리더십은 누군가를 강제로 따라오게 하는 채찍이 아니라, 바른 기업 이념을 직접 행동으로 보여줄 때 비로소 발휘되는 것이라고 생각한다.

마쓰시타 전기의 창업자 마쓰시타 고노스케는 '경영의 신'이라고 불리는데, 그의 일생을 다룬 책《동행이인》에는 이런 나의 생각이 잘 나타나 있다. "경영자가 '경영'으로 보여줘야만 비로소 종업원의 마음에 '생각'이 스며들고, '이념'에 피가 통하게 되는 법이다."

경영자는 '아, 따라갈 만하다'라는 불확실의 상태를 '내 인생을 걸 만하다'라는 확신이 들도록 올바른 결정과 강한 집념을 가지고 행동해야 한다. 직원이 판단을 잘못해서 옳지 않은 결정을 한다면 설득해서 따라오게 인도하는 것이 진정한 리더십이라고 생각한다. 그런 면에서 돈은 직원들에게 줄 수 있는 회사의 비전이 아니다. 돈 그 자체는 누군가의 인생을 걸 만한 것이 아니기 때문이다.

나는 고객에게 행복을 선물할 수 있고 도움이 될 수 있다면 이윤은 걱정할 필요가 없다고 다독였다. 그렇게 내 가치관을 모두 함께 실천하면서 어려움을 헤쳐나갈 수 있었다. 행복을 선사하기 위해서 가장 먼저 해야 할 일은 바로 고객을 만족시키는 것이라고 믿었다.

마쓰시타 고노스케는 또 이렇게 말했다. "'경영은 생각이다'라는 말의 무게는 사원과 '생각'을 공유하는 데 심혈을 기울이고 '생각'을 실현하는 데 목숨을 걸어본 적이 있는 사람만이 알 수 있는 것이다."

결핵을 앓을 때도, 유서를 쓰고 처음 이탈리아에 갈 때도, 또 김포로 회사를 옮겨서 정상화하기 위해 노력할 때도 나는 목숨을 걸었다. 그 모든 순간에 그랬다. '그러다가 죽으면 누가 알아줄 것인가?' 하고 묻는 사람도 있었지만, 나는 나 스스로가 알아준다고 생각했다. 모든 선택의 순간에 긍정적 결과를 장담할 수는 없었지만, 지금 생각해도 나의 결정에 박수를 보내주고 싶다.

4장

돈을 끌어들이는
삶의 법칙

모두가 개인의 이익을 위해, 자신의 행복을 위해 치열하게 돈벌이를 하고 있다. 하지만 돈은 간절히 원할수록 더욱더 손에 잡히지 않는다. 돈이라는 것은 생물과도 같아서 상황을 정확히 알아채고 도망을 간다. 나는 돈을 벌기 위해 발버둥치지 않았다. 오직 남에게 기여하는 것을 행복으로 알고 일했다. 그러다 보니 엄청난 돈이 부산물로 생겼고, 사람들이 말하는 부자가 되어 있었다.

벌어서
남주다

"재호, 머 하노?"

"와? 오늘 막걸리 한잔하고 싶은가배. 일 끝나고 얼굴 볼까?"

"아니, 그게 아니라, 내가 부탁할 게 하나 있어서 전화를 했는데, 좀 들어주게."

"무슨 일인데?"

1977년 어느 날, 울산 학성중학교 교사로 있는 친구가 급하게 전화를 해왔다.

"내가 담임으로 있는 반에 우리 학교에서 공부를 제일 잘하는 학생이 있는데 입학금이 없어서 진학을 못 할 상황이야. 조금만 밀어주면 이 친구에게 큰 도움이 될 텐데, 능력이 아까워서 도와달라고 전화를 했지."

어영선이라고 하는 이 친구는 학교 다닐 때부터 공부가 잘
안 되거나 놀고 싶으면 꼭 나를 찾아와서 한바탕 수다를 떨거나
막걸리를 한잔씩 하고 가던 친구였다. 우리는 그때 내 꿈에 대한
이야기를 나눴었다.

"영선아, 내가 공부 되게 하고 싶어했던 거 알재?"

"그럼, 잘 알재. 니 내한테 몇 번이나 말했노? 백화점에 가서
일을 시작할 때만 해도 도시로 나가기만 하면 배고픈 것도 끝이
고 공부도 새로 할 줄 알았는데, 일 마치고 새벽에 공부하느라
두세 시간밖에 못 자서 손님하고 이야기하다가 꾸벅꾸벅 조는
바람에 엄청 야단맞았던 거 내 잘 안다 아이가."

"그래. 우리 맨날 하던 이야기 기억나나? 공부를 하고 싶은데
남의 도움 없이는 불가능한 사람이 있다면 내가 그 사람만큼은
꼭 구해준다고 안 했나."

"그래, 잘 안다. 그러니 이번에 이 학생을 한번 도와도."

"그래, 그라자. '제2의 이재호'를 구해주자."

나는 어릴 적 나와 약속을 했었다. '내 도움이 꼭 필요한 사
람이 생기면 최소한 한 사람은 구해주고, 형편이 된다면 열 사
람 이상은 도와주겠다. 이재호 한 명을 희생해서 나 스스로 배움
의 밀알이 되리라.' 나는 일을 하면서 당장 생활에 필요한 것들
만 배웠지, 책을 봐야 알 수 있는 것들은 배우지 못했다. 그래서

책을 들고 공부해야 할 인재가 도움을 받지 못하면 무조건 도와주겠다는 말을 평소 입버릇처럼 해왔다. 그런 나를 잘 알고 있는 친구가 도움을 청한 것이었다.

사실 공부는 나에게 사치였다. 농사일로 끼니를 해결하다가 열일곱 살에 백화점에서 일을 시작했으니 학교를 다닐 형편이 아니었다. 공부를 무척 하고 싶었지만 도저히 그럴수가 없었다. 어린 나이에 그 사실을 인정해야 하는 것이 너무 슬퍼서 하염없이 울었다. 매일같이 아침에 일어나 백화점 문을 두드리는 것이 죽을 만큼 싫었다. 점장은 "야이, 정신 나간 놈아!"라는 욕설로 시작해서 일을 못한다고 모욕을 주는 것은 예사였고, 툭하면 고래고래 고함을 지르면서 야단을 쳤다. 어린 나이에 갑자기 바뀐 환경에 적응하기도 힘들었는데, 점장의 고함소리 탓에 항상 긴장 속에서 일을 할 수밖에 없었다.

하지만 신기하게도 그토록 두려운 마음이 드는 것과는 대조적으로 마음 한구석에는 나 같은 환경에 놓인 사람들을 좌절하게 만들고 싶지 않다는 강한 의지가 생겼고, 일이 힘들면 힘들수록 그런 생각은 점점 더 커져만 갔다.

살아가는 동안 자신에게 닥친 결핍을 해소하기 위해 발버둥을 쳐본 경험이 있는 사람들은 어찌 보면 행운아라고 할 수 있다. 나뿐만 아니라 모든 사람은 시련을 겪으면서 살아간다. 그러나 그 고통 속에서 스스로를 훈련시키지 못하고 시련을 그저 피하고 외면해야 하는 것으로 치부한다면 어떤 소중한 깨달음도 얻을 수 없다. 살다 보면 만나게 되는 고통과 시련은 당연한 것이다. 한 번도 만나지 않을 수가 없다. 공정한가, 불공정한가 하는 것은 또 다른 문제다. 얼마나 고통을 잘 이겨내고 자신의 길을 갈 수 있는지가 중요하다.

친구의 제자를 도와주는 것으로 시작된 장학 활동은 1978년부터 본격화되었다. 장학 1호였던 그 학생에게는 고등학교 3년, 대학교 4년의 학비를 전액 지원했다. 타인에게 기여를 하며 살고 또 누군가에게 도움이 되겠다고 하는 가치관이 정립되기 전의 일이었다. 이때부터 제2의 이재호를 돕는 일을 한 것으로 보아 누군가에게 도움을 주겠다는 생각을 오래전부터 가지고 있었던 것 같다.

그 뒤에 나는 부산대학교에 연락을 했다. 대학교에 합격은 했으나 등록금이 없어서 입학하지 못하는 학생들의 리스트를 달라고 하고는 매년 다섯 명의 학생들에게 등록금을 지원했다. 그러나 그들을 만나서 격려하거나 인사하는 일 따위는 하지 않았다. 누군가가 알아주길 원해서 한 일이 아니기 때문이다.

이렇게 몇 년 동안 대학생들을 지원하는 사이 나라 경제도 좋아졌고, 대학생들은 아르바이트를 해서 얼마든지 용돈을 벌수 있게 되었다. 그래서 이후에는 시골에 있는 중학교와 고등학교의 형편이 어려운 학생들을 도와주기로 했다. 대학교 등록금과는 금액 차이도 많아서, 대학생 다섯 명을 도와줄 금액이면 20~30명씩 도와줄 수 있었다. 장학회 활동은 1978년부터 1992년까지 꽤 오랫동안 지속되었다.

처음에는 나처럼 금전적으로 어려운 형편에 있을 수밖에 없는 제2의 이재호를 도와주는 것이 가장 큰 목표였다. 하지만 점차 일회성의 도움을 주기보다는 구조적인 문제를 바꾸는 데 더 관심을 갖기 시작했다. 우리나라 주얼리 산업의 미래를 위해 우수한 인재를 육성해야 할 필요성을 느낀 것이다. 이즈음부터 나는 '주얼리 대학 설립'이라는 꿈을 꾸기 시작했다. 그리고 재원을 마련하고자 매달 100~200돈씩 금을 사 모았다.

이후 1999년에 김포로 올라온 뒤 리골드 김포 시대를 맞이하면서 공장부지 가운데 일부를 주얼리 대학 설립을 위한 용도로 확보해놓았다. 하지만 회사를 옮기는 동안 인력 공백으로 생긴 문제들을 해결하는 데 집중하느라 제대로 신경 쓰지 못했다. 게다가 학교의 위치, 인허가 요건, 도시계획 등의 이유로 대학 설립이 불가능하다는 이야기를 듣게 되었다.

뿐만 아니라 교수 자체의 역량에 관한 문제도 있었다. 지금이야 상당 수준의 교수들이 많지만, 당시에는 전공자가 거의 없었다. 주얼리 학문을 제대로 알고 가르칠 교수조차 없었으니 대학 설립 자체가 의미 없어 보였다. 실무를 제대로 하려면 실습이 뒷받침되어야 하는데, 비싼 금을 재료로 실습하면서 배운 교수가 없었으니 대부분은 이론적으로 설명해주는 데 그쳤다.

나는 금에 대한 기초지식이 부족했던 까닭에 주얼리 사업을 시작한 이후로 이곳저곳 찾아다니며 많은 사람들에게 해답을 구해야 했다. 그러다 보니 내가 했던 질문들에 대한 대답을 명쾌하게 해주고 싶었다. 정식 교육 과정을 밟지 못한 까닭에 내가 허비한 오랜 시간과 좌절들을 나의 후배들이 겪게 하고 싶지 않았다. 또한 자신의 이익을 우선시하기보다 타인에게 기여하는 삶에 대해 가르치고, 그런 인문학 기반 위에 주얼리의 실무와 이론을 갖춘 전문 인력을 배출해내고 싶었다. 학교에서는 이론 위주의 수업을 진행하고 공장에서는 현장 학습과 연구개발을 통해 실무를 가르침으로써 글로벌 시대의 경쟁력 있는 인재 양성소로서의 역할을 할 수 있기를 기대했다.

하지만 예상치 못한 여러 장벽에 부딪히면서 학교 설립의 꿈은 무산되고 말았다. 규모와 시설 면에서 유례를 찾기 힘든 리골드 공장은 나의 커다란 행복이었지만, 공장 옆에 덩그러니 빈 터로 남게 된 학교 부지를 보자 마음이 착잡했다. 그러나 방법이 없는 건 아니었다. 나는 학교가 아니라면 또 다른 방법을 찾아 교육의 꿈을 향해 천천히 나아가기로 했다.

무일푼에서
200억 원대 장학재단
설립자로

2009년 '월곡재단(월곡주얼리산업진흥재단)'을 설립했다. 어렵게 적응을 마친 리골드 김포 시대 이후 약 10년 만이었다. 주얼리 대학 설립을 위해 사 모은 금을 재원으로 사용했다. 이 재단은 인재 양성을 위한 학자금과 연구비 보조 등의 목적 사업을 위주로 하고 있다. 사업 목적을 달성하기 위해 주얼리 분야를 전공하는 학생들에 대한 장학금 지급, 주얼리 분야 연구 및 학술 활동 지원, 주얼리 관련 국내외 연수 및 학술 교류 지원, 주얼리 관련 교육기관에 교육, 도서, 연구 기자재 구매 및 시설 확충 지원, 주얼리 산업의 표준화 사업 캠페인 지원, 고아원이나 양로원 등 사회복지기관에 대한 자선 사업 등을 펼쳐오고 있다.

원래는 '리골드 장학재단'이라고 했다. 그러나 장학재단이 리골드의 기업 홍보 이미지로 변질된다는 우려와, 단지 장학 사업만을 위한 재단으로 인식되는 경향이 있어 명칭을 변경했다. 주얼리 분야의 연구 조사, 학술 활동, 자선사업 등 주얼리 산업 전반의 나아갈 방향을 제시할 재단의 성격을 보여주는 명칭으로는 '주얼리산업진흥재단'이라는 이름이 맞다고 판단했다.

재단을 만들 당시 업계에서는 여러 가지 소문이 있었다. 사람들은 내가 장학재단을 만든다는 건 알았지만 구체적인 사업 목적이나 규모, 사업 시기에 대해서는 모르고 있었다. 그래서인지 장학재단 설립이 공식화되었을 때 업계 사람들 모두 특히 그 규모에 놀라움을 금치 못했다.

그러나 그 놀라움은 대체로 부정적으로 표현되었다. '좋은 일 한다고 우러러봐주기를 기대하나 보네', '돈이 많으니 재단을 만들어서 자랑하려나 보다', '이런 재단을 만들어서 남을 돕는다고 하면 자기 인격이 높아질 줄 아나 보네'라며 엄청난 반감을 드러냈다.

더한 오해는 '편법으로 자식들에게 상속을 하고 이재호 본인에게 이익을 돌리려고 재단을 만들었나 보다'라는 것이었다. 나 자신의 안위를 위한 수단으로 사용할 것이라는 온갖 소문들이 난무했다. 내가 한 번도 생각해본 적 없는 일들이었다.

랄프 왈도 에머슨은 《자기신뢰》라는 책에서 다음과 같이 말했다.

"위대한 행위는 미래에 호소한다. 오늘 내가 사람들의 눈을 의식하지 않고 단호하게 옳은 일을 할 수 있다면, 나는 예전에도 그렇게 올바른 행동을 해왔던 것이 분명하다. 그리고 과거의 올바른 행위는 지금의 나를 정당화해줄 것이다."

나는 이러한 믿음으로 주변의 험담을 신경 쓰지 않고 내 갈 길을 가기로 했다.

내가 늘 바랐던 일은 주얼리 업계를 이끌어갈 우수한 인재를 양성해 고객에게 좀 더 질 높은 서비스를 제공하는 것이었다. 그래서 앞에서도 잠깐 언급했듯이 주얼리만 전문으로 하는 4년제 대학을 설립하고 싶었다. 수도권 규제법 등으로 그 꿈이 수포로 돌아갔지만 나는 포기하지 않고 계속해서 대안을 찾아왔다. 그 결과 재단 설립과 함께 바로 시작한 일이 JBMJewelry Brand Management 과정이었다.

JBM 과정은 매년 20여 명의 장학생을 선발해 1년 동안 주얼리 마케팅 및 주얼리 브랜드에 대한 내용을 집중적으로 교육한다. 재단에서 1인당 1500만 원이 넘는 교육비를 전액 지원하여 취업 준비뿐 아니라 창업을 위한 기본 과정을 모두 이수하게 하고 있다.

JBM에 입학하는 학생들은 전문대학 졸업 이상의 우수한 재원으로, 이들이 1년 동안 학습하는 내용은 대학에서 4년 동안 공부하는 것보다 많다. 매일 강도 높은 토론과 발표 위주의 수업이 진행되고, 방과 후에는 과제와 각종 시장조사를 할 뿐만 아니라, 팀별로 브랜드를 기획하고 실행해야 한다. 그러다 보니 밤새워 공부하는 날이 셀 수 없을 정도다.

JBM의 커리큘럼은 대략 이렇다. 주얼리 이론과 마케팅에 대한 기초를 빠르게 학습하고, 팀을 구성하여 매일 열띤 토론과 담당 교수와의 끊임없는 미팅으로 브랜드 콘셉트를 잡는다. 그런 다음에는 디자인 콘셉트를 준비하는데, 이때 홍콩주얼리페어를 참관하게 된다. 주얼리페어 참가는 인기 있는 디자인 아이템과 트렌드를 파악하는 기회가 되므로 중요할 수밖에 없다. 디자인 개발에 이어 본격적으로 제품을 생산하는 과정에서도 많은 시행착오를 거친다. 제품이 완성되면 마지막 과제 수행으로, 업계 관계자들을 초청해 기획안을 발표하고 백화점 팝업스토어에서 브랜드를 런칭하게 된다. 이렇게 짧은 시간 안에 하나의 브랜드를 만들어내는 전 과정을 진행하다 보니 정신없이 1년을 보내게 된다. 아울러 학기 중에 개인 혹은 팀별로 온라인 쇼핑몰을 구축해 실제로 제품을 판매하게 하고 있다.

그 밖에도 JBM 학생들은 매년 리골드 공장에 가서 제조과정을 견학하는 시간을 갖는다. 학생들이 제품을 대하는 직원들의 열정을 느끼고, 우리가 가진 기술의 경이로움을 직접 보고 깨닫기를 바라기 때문이다. 이를 통해 궁극적으로 아름다운 목걸이를 창조하는 데 긍정적인 영감을 받기를 기대한다.

이러한 교육 시스템은 고스란히 실력 있는 인재 양성으로 이어지고, 취업이나 창업을 하는 데 있어 체계적이고 과학적인 접근을 가능케 한다. JBM 교육을 받은 학생들이 하나둘 브랜드를 만들어가다 보면 우리나라의 주얼리 산업도 규모의 경제를 이루고 국가 경제에 도움이 되리라는 희망을 가져본다.

아울러 바라건대 학생들이 나와 같은 가치관으로 고객을 돕고, 그 속에서 행복감을 느끼며 살아갔으면 한다. 돈을 벌기 위해 일을 하는 것이 아니라 많은 고객에게 기여를 하는 데서 삶의 의미를 찾았으면 한다. 그리고 우리 사회의 미래를 희망차게 바꿀 수 있는 힘과 영향력을 가진 사람이 되길 바란다. 그것이 배를 곯던 소년이 200억의 장학재단을 만든 이유이기 때문이다.

왜
공부하는가

우리는 일을 통해서만 기여를 할 수 있는 것은 아니다. 여러 분은 조선시대 구도장원공九度將元公(아홉 번 장원급제를 한 사람) 율곡 이이를 잘 알고 있을 것이다. 율곡은 조선왕조 500년을 통틀어 최다 장원급제를 한 선비였다. 경기도 어느 지역에서는 율곡이 과거를 보러 한양으로 가던 길을 기리기 위해 '구도장원길 걷기' 행사를 열기도 하고, 학부모들은 수능시험을 치는 자식들의 주머니에 율곡의 기를 받으라는 의미로 오천 원권을 부적처럼 넣어주기도 한다. 이런 것만 봐도 1500년대를 살았던 인물이 아직까지 우리에게 끼치는 영향이 얼마나 대단한지 짐작할 수 있다.

율곡 이이는 공부만 잘한 것이 아니다. 성리학을 집대성하고,

현실적인 정치 참여로 조선을 올바른 방향으로 개혁하고자 노력했다. 이런 그가 스스로 만든 자신만의 아홉 가지 공부법이 있는데, 그 내용은 대략 다음과 같다.

첫째, 입지立志 : 흔들리지 않는 분명한 뜻을 세운다.

둘째, 교기질矯氣質 : 공부하는 체질로 바꾼다.

셋째, 혁구습革舊習 : 잘못된 옛 습관을 타파한다.

넷째, 구용구사九容九思 : 옛 습관의 자리를 수신으로 채운다.

다섯째, 금성옥진金聲玉振 : 배수의 진을 친다는 절박한 심정으로 임한다.

여섯째, 일목십행一目十行 : 독서는 결코 배신하지 않는다.

일곱째, 택우문답擇友問答 : 벗과 함께 논쟁하면서 일취월장한다.

여덟째, 경계초월境界超越 : 경계를 초월하는 자가 마지막에 웃는다.

아홉째, 지어지선止於至善 : 깊은 공부는 선한 마음으로 한다.

이 가운데 눈에 띄는 것이 하나 있는데, 율곡 이이는 자신의 공부법을 정리하면서 마지막으로 '지어지선'을 강조했다. 여기서 말하는 선한 마음이 바로 '남을 위하는 마음'이다. 결국 '공부는 누구를 위해서 하는가?'라는 물음에 대해 나 자신의 안위가 아닌 남에게 도움이 되기 위함이라고 이야기하고 있다.

이는 내가 항상 강조하는 말과 정확히 맥락을 같이 한다. 삶이란 세상에 꼭 필요한 존재가 되기 위한 과정이고, 인생의 보람과 행복은 자신의 능력이 값지게 쓰이는 데 있으며, 개인의 이익을 우선하지 않을 때 바른 삶을 살 수 있다고 확신한다.

알리바바 그룹의 회장 마윈이 항저우 사범대학 신입생환영 강의 때 했던 말을 보자. "나는 무엇이 성공인지를 생각합니다. 성공의 성成은 자기를 이루는 것이고 공功은 공덕을 쌓는 것입니다. 여러분은 스스로 성취하고 다른 사람을 도와야 비로소 진정한 성공의 의미를 느낄 수 있습니다. 사람들이 자기를 생각할 때 여러분은 미래를 생각해야 합니다. 또 자기가 다른 사람을 위해 무엇을 할 수 있는지를 고민하고 실천해야 합니다."

역사적으로 위대한 업적을 이룩한 사람이나 기업은 우리가 모르는 사이에 '다른 사람을 위해 무언가를 하는 것'의 엄청난 힘을 알고 실천해오고 있었다. 이 점을 깨우치는 데서 모든 것이 시작된다.

율곡 이이는 네 살에 사서삼경을 읽고 열세 살에 처음 장원급제를 할 정도로 조선 역사상 가장 위대한 천재였으니, 그가 추천하는 공부법을 따라 한다고 해서 그와 같이 될 수는 없을 것이다. 다만 적어도 우리가 공부를 '왜' 하는지 그 이유만이라도 율곡의 가르침에서 배울 수 있다면 고통스러운 공부가 조금은 즐거워지지 않을까 하는 생각을 해본다. 오늘 내가 무엇인가를 배우고 지식을 쌓는다는 것은 당연히 내일의 누군가를 돕기 위함이고, 타인에게 기여하는 능력을 기르기 위함이다.

모두가 자신의 이익이나 출세를 위해, 많은 돈을 벌기 위해 살아가며 인생의 모든 포인트를 거기에 두고 있다. 하지만 요즘 사회에서는 상대에게 기여가 되지 않고서는 원하는 것을 얻을 수 없다. 조금만 눈을 돌려봐도 알 수 있는 자명한 사실인데, '남을 위해 살라'고 가르치는 부모는 거의 없다.

자녀들이 어릴 때부터 상대에게 도움을 주기 위해 지식을 쌓고 공부를 하는 것이라고 알려줄 수 있다면, 자신의 이익을 위해서 남에게 고통을 주는 일 따위는 일어나지 않을 것이다. 졸업한 뒤 돈을 벌기 위해서 수단과 방법을 가리지 않고 남에게 피해를 끼치며 내 이익만 챙기고자 하는 생각은, 모든 경쟁에서 이겨야만 잘살 수 있다고 가르친 데 따른 폐해라고 본다. 피라미드 구조의 사회에서는 꼭대기에 오르려면 내 옆의 경쟁자를 넘어뜨리고 짓밟아야 경쟁에서 이긴다고 가르친다. 그러므로 조금이라도 남에게 도움이 되려고 하는 사람을 볼 때면 어리석다고 생각한 것이 사실이다.

그래서 우리는 지금까지 생각해볼 기회가 없었다. 기여를 목적으로 열심히 일을 해나간다면 기여할 수 있는 능력이 생겨나고, 또 기여하는 정도에 따라 우리의 능력치가 얼마만큼 성장할 수 있는지를 말이다. 성공함으로써 돈과 명예를 갖는다는 것은 내 노력으로 키워온 기여 능력에 따른 결과다. 즉, 기여와 돈과 명예는 하나의 유기체다.

도움을 준다는 것은 어려운 일이 아니다. 오히려 그런 마음 가짐으로 자기가 하는 공부와 일을 바라보는 관점을 바꾸는 것이 어려운 일이다. 부모들도 자녀들이 다른 사람에게 존경을 받고 좋은 직업을 갖기를 원한다면 도움을 주는 능력을 키우게 하는 것이 중요하다. 자녀들에게 타인을 도울 수 있는 능력이 얼마나 있는지 그 능력치를 확인하는 것부터 시작하자. 남한테 도움을 줄 수 있는 능력이 많은 사람만이 사회에서 활용되고, 그로 인해 행복을 느낄 수 있다. 도움을 줄 수 있을 때만 인생을 사는 의미가 있는 것이다.

얼마 전 눈 수술을 받은 적이 있다. 하루 종일 눈도 못 뜨고 병실에 가만히 누워 있다가, 갑자기 의사라는 직업이 너무 부럽다는 생각이 들었다. 나는 퇴원을 하자마자 수술을 담당했던 의사에게 편지를 써서 직접 전했다.

안녕하세요.
저는 4월 24일 열한 번째로 교수님께 수술을 받은 이재호라는 환자입니다. 25일 아침에 안대를 풀고 세상이 환하게 밝아진 것을 느끼고는 너무 기뻐서 교수님 직업이 부럽다고 말한 환자입니다.

제가 열한 번째였으니 그날 수술받은 환자는 15명 정도 되지 않을까 싶네요. 하루에 15명, 일주일 근무 중에 사흘 정도 수술을 하신다면 45명이 될 겁니다. 그러니까 45명÷7일=6.5명, 하루에 대략 6.5명을 깜깜한 세상에서 벗어나 밝은 곳으로 나오도록 도와주신다는 생각이 듭니다. 1년이면 6.5명×365일=2372.5명이나 됩니다. 이분들이 수술하신 후로 약 20년을 밝게 사신다고 본다면 2372.5명×20년=4만 7450명을 매일 돕고 있다는 계산이 나오네요.

단순 수치로만 판단한 것이니 제 계산이 맞지 않을 수도 있겠지요. 하지만 그런 일을 하면 얼마나 보람이 크고 많은 행복을 느낄까 싶은 마음에 교수님의 직업이 대단하다는 생각이 들어 부럽다는 말을 했답니다.

저는 여성들이 거울을 보고 미소를 지으면서 행복을 느끼게 하는 일을 하고 있습니다. 예쁜 금목걸이를 하루에 1000개 이상 만들어 팔고 있는데, 이분들이 구입해간 목걸이를 처음 거는 순간부터 버릴 때까지 최소 100번은 보지 않을까 싶네요. 이를테면 저도 하루에 10만 명에게 행복을 준다고 느끼고 있고, 저 스스로도 행복한 미소를 지으면서 살고 있습니다.

물론 교수님이 주시는 행복의 강도에는 비할 바가 아니지만, 많은 분들이 자기가 하는 일이 상대에게 얼마나 기여가 되는지를 잊고 사는 것 같아 이렇게 편지를 적어봤습니다.

교수님이 지도하시는 많은 제자들도 저 같은 환자들에게 밝은 세상을 선물해주려고 준비를 하고 있을 테지요. 미래의 교수님이 될 그 제자들이 힘들어할 때 '내가 가진 능력을 환자들의 행복을 위해 소중히 쓰고자 지금의 수업을 받는 것'이라고 알려준다면, 기술적인 능력은 차치하더라도 수업을 받는 이유에 대해 깨우침을 받지 않을까 생각해봅니다.

밝은 세상을 선물해주셔서 감사합니다.

신체의 기능을 개선하고 사람의 목숨을 살리는 수술을 준비하는 사람들이니 교과과정이 얼마나 힘들겠는가 싶었다. 나는 이들이 순간순간 힘든 과정을 이겨나가는 힘이 무엇인지 궁금했고, 나와 같은 신념을 가지고 자신의 일을 행복하게 여길 수 있다면 얼마나 좋을까 하는 생각에 편지를 써서 보낸 것이다.

환자를 위해 치료하는 의사는 돈만 벌기 위해 일하는 의사와 달리 자신의 능력으로 기여하는 데 따른 행복감을 알기 때문에 의술도 더 향상되기 마련이다. 의술이 향상되면 명성이 높아지고, 명성이 높아지면 자연스레 수입도 많아질 수밖에 없다. 여러분이라면 어떤 의사가 되고 싶은가.

회사의 직원도 마찬가지다. 지그 지글러는《정상에서 만납시다》라는 책에서 철도회사의 동기 두 사람이 세월이 흘러 어떻게 다른 삶을 살고 있는지 보여준다. 짐 머피와 데이브 앤더슨은 같은 날 철도회사에서 근무를 시작했으나, 23년 후 짐은 철도회사 사장이 되었고 데이브는 철도 선로에서 작업을 하는 처지였다. 누군가 그 이유를 묻자 데이브는 다음과 같이 대답했다. "23년 전 나는 시급 1.75달러를 받으려고 일을 했다네. 그렇지만 짐은 철도회사를 위해 일을 한 거지."

자신의 이익만을 위해 일하거나 돈이 최종 목표인 사람들은 결코 성공하지 못한다. 정말 이게 맞는 말인지 먼 곳에서 망원경을 들고 바라보듯 의심만 할 것이 아니라, 현미경을 보듯 자세히 관찰하고 배우려고 노력하길 권한다. 그러다 보면 진정한 성공이 무엇인지, 성공적인 삶을 살려면 어떻게 해야 하는지 깨닫게 될 것이다.

더불어
잘 사는 세상

역사적으로 금은 왕족 같은 특별한 계층에서만 사용했다. 또한 어느 나라에서든 경제가 발전하고 사람들이 배불리 잘 먹고 잘살 때만 착용하고 즐길 수 있는 것이 장신구였다. 하지만 우리나라의 전 역사를 통틀어서 귀금속을 부담 없이 착용할 만큼 잘살았던 적은 없다. 사람들은 힘들었던 1950~1960년대를 거치면서 먹고 입는 것이 해결된 후에야 장신구에 투자했다. 그러니 우리나라 경제가 고도성장을 이루어가던 1970년대 들어 귀금속 산업은 시작되었다고 보아야 할 것이다. 이후 1980년대부터는 독특한 디자인을 찾는 등 고객의 요구가 점점 다양해지면서 14금이나 18금 같은 합금 제품이 폭발적으로 성장하기 시작했다.

그런데 금은 우리나라에서 나는 광물이 아니다. 대부분의 금은 외국에서 들여왔다. 다만 국제 시세를 적용해 정상적인 방법으로 수입한 것이 아니라, 선원들이 일본이나 홍콩에서 몰래 사왔다. 특히 1960~1970년대에 밀수가 유행했다. 내가 알기로는 70퍼센트 이상을 홍콩에서 갖고 들어왔다. 홍콩에서 들여오는 금이 절대적으로 많을 수밖에 없었던 이유는 지리적 이점 때문이었다. 일본은 한 달에 한두 번 배가 운항했지만, 홍콩은 일주일에 두 번씩 한 달이면 여덟 번을 왔다 갔다 했다. 한 달에 한두 번만 갈 수 있는 일본보다 현금화하는 기간이 짧은 홍콩을 선호할 수밖에 없었을 것이다.

밀수할 때는 금을 주로 허리에 차고 들어왔는데, 그 무게가 작게는 1킬로그램부터 큰손들의 경우 수십 킬로그램에 이를 정도로 다양했다고 한다. 국제 시세보다 많게는 10퍼센트 이상 높은 가격에 팔면 불과 사나흘 만에 엄청난 이익이 생겼다. 순금의 10퍼센트 이상이라면 엄청난 고마진이었다. 위험하긴 했지만 엄청나게 잘되는 장사였다. 몰래 들여와 신고도 안 하고 암거래가 이루어지다 보니, 구입한 내역도 없고 판매한 내역도 없는 희한한 사업이었다. 그 결과 예전부터 귀금속 매출이 꽤 높았음에도 불구하고 정부에 세금을 낸 기록은 거의 없었다.

결국 2015년 한·중 FTA 협상에서 귀금속 분야에 대해 논의할 때 정부는 엉뚱한 허수를 가지고 임할 수밖에 없었다. 중국의 귀금속 산업은 우리보다 늦게 출발했지만 정부가 황금알을 낳는 산업으로 여겨서 대단한 관심을 가지고 투자했다. 그래서 귀금속 사업이 잘못되면 절대로 안 된다고 했지만, 한국은 별것 아니라 생각하고 무시를 해버린 경향이 있었다. 이미 말한 대로 귀금속 수출 실적이 거의 없었기 때문이다. 사실 수출을 많이 하긴 했는데 보따리상끼리 전부 사고팔고 했으니 숫자로 남은 기록이 없었던 것이다.

주얼리 관계자들이 정부에 해당 내용에 대해 이야기하려 했지만, 그때마다 합당한 근거 자료를 아무도 준비하지 못했다. 아니, 자료를 준비할 생각조차 못했다.

그러다 보니 한국 정부는 중국에 수출한 실적이 얼마 안 되므로 신경 쓸 부분이 아니라고 생각했다. 결국 한국과 중국은 각각 귀금속과 농산물에 손대지 않기로 했고, 그렇게 우리나라가 귀금속을 양보하면서 한·중 FTA가 타결되었다.

그 결과 중국 제품을 국내에 수입할 때는 무관세가 적용되고 있다. 반면 한국 제품을 중국에 수출할 때는 2016년부터 20퍼센트의 관세가 적용되고, 매년 2퍼센트씩 감축되고 있다(2017년 18퍼센트 적용).

거래 자체는 많았지만 과거부터 해오던 암거래가 큰 비중을 차지하다 보니 실적이 없는 것이었다. 그 거래 규모는 우리나라가 주얼리에 관심을 가진 1970년대 이후부터 최소 2조 원 이상은 되지 않았겠느냐는 것이 우리 연구소의 잠정적 추산이고, 현재는 7조 정도 되는 것으로 알고 있다. 그것도 월곡주얼리산업연구소가 생긴 후에야 나온 수치다. 이전에는 업계 사람들끼리 '3조쯤 될 것'이라든지 '아니, 10조는 충분히 넘을 것'이라며 근거도 없이 막연하게 어림짐작만 했을 뿐이다.

월곡재단을 설립했을 때 나는 우리나라 주얼리 산업의 열악한 환경이 새삼 눈에 들어왔다. 우리나라 주얼리 시장의 전반적인 현황과 제품별 판매량은 어떤지, 글로벌 시장에서 한국의 위치는 어디쯤인지 알 수 있는 정보가 하나도 없었던 것이다. 지금까지 나는 주얼리 산업이 어디까지 와 있는지, 또한 어떤 방향으로 가야 하는지, 과거와 현재 그리고 미래에 대해 진지한 고민을 한 적이 없었다.

나는 주얼리 관련 연구를 지원하는 것이 시급하다는 사실을 피부로 느꼈다. 그래서 주얼리 업계의 표준이 될 만한 정보들을 찾기 위해 장학재단을 만든 지 채 1년이 되지 않아 월곡주얼리산업연구소Wolgok Jewelry Research Center, WJRC를 설립했다. 현재까지도 주얼리와 관련된 정보나 데이터를 비롯한 모든 수치상의 기록들은 우리 연구소의 자료가 아니면 어디에서도 찾아볼 수가 없으며, 정부를 설득하는 통계 데이터도 우리 연구소 자료뿐이다. 해외 명품 브랜드의 한국 시장 전개라든지, 한국과 글로벌 시장의 성장 속도, 주얼리 산업의 전략 등에 대해 데이터로 객관

화된 자료를 제공하는 곳은 WJRC가 유일하다.

정부에 개별소비세를 폐지하자고 한 것도 WJRC의 자료 덕분이었다. 그 외에도 업계에 도움이 될 만한 수많은 자료들이 연구소에서 만들어지고 있다. 매년 연간 리포트와 4회의 분기 리포트, 그리고 많은 자료집을 출간해 공공기관과 공공도서관 등에 무료로 배부하고 있다. 이러한 자료들 덕분에 주얼리 산업에서도 통계 및 연구 자료가 풍부해졌다고 말할 수 있다. 아울러 2018년에 마무리할 예정인 주얼리 산업진흥법 제정에 대해서도 정부 관계자들과 힘을 모으고 있는데, 여기서도 WJRC가 큰 역할을 하고 있다.

연간 리포트Korea Jewelry Market Research는 2011년부터 발간하고 있다. 한국 및 글로벌 주얼리 시장의 전반적인 흐름과 이슈 및 동향을 알아보고 소비자 조사 등을 토대로 한 내용을 다양하게 파악할 수 있도록 하고 있다. 이 자료는 WJRC 홈페이지에서 PDF 파일을 무료로 다운로드받아서 볼 수 있다.

또한 WJRC는 2010년부터 다양한 포럼과 세미나를 진행하고 있는데, 한국주얼리산업전략 포럼과 한국주얼리디자인 포럼, 주얼리마케팅 세미나가 대표적이다.

한국주얼리산업전략 포럼에서는 1년 동안 연구소에서 수집해 작성한 통계 자료들을 기초로 국내외 주얼리 시장의 동향이나 경쟁력을 갖추기 위한 방안, 중요한 이슈 등을 발표하고 있다. 한국주얼리디자인 포럼에서는 국내외에서 유행하는 아이템이나 인기를 끄는 최신 트렌드를 주로 발표하고 있다. 이들 포럼은 이제 우리나라 주얼리 산업을 대표하고 리드하는 최고의 포럼으로 자리 잡았다.

아울러 주얼리마케팅 세미나에서는 마케팅의 새로운 패러다임인 SNS 같은 온라인 마케팅의 동향과 향후 발전 방향, 마케팅 적용 사례 등을 집중적으로 설명한다. 관심이 있는 사람이면 누구나 사전 예약으로 참여할 수 있다.

이러한 포럼을 준비할 때마다 나는 주얼리 산업과 국가에 도움이 된다는 생각으로 진지하게 임하고 있고, 우리 연구소의 능력이 소중히 사용되는 데 대한 즐거움을 만끽하고 있다.

아직까지도 장학재단에 대해 시기심과 좋지 않은 감정을 가지고 있는 사람들이 많지만, 그나마 좋게 보아주는 사람들이 늘고 있는 것은 포럼 덕분이다. 포럼을 통해 모르는 정보를 접하고 사업에 적용하면서 도움을 받은 사람들이 생겼고, 재단에서 이를 통해 어떤 이익도 추구하지 않는다는 사실을 알았기 때문이다.

하지만 좋지 않은 감정을 무마하려고 포럼을 하는 게 아님을 재차 강조하고 싶다. 주얼리 산업의 선진화를 위해 힘을 보탠 것이지, 나를 바라보는 관점을 바꾸려는 목적으로 시작한 일이 결코 아니다.

2017년에는 우리나라에서 공공연히 유통되고 있는 합성 다이아몬드 문제를 해결하기 위해 다이아몬드 감별 장비 7종을 구매하여 서울주얼리지원센터(SJC)에 무상으로 임대해주기도 했다. 그중 'M-Screen +'는 최소 1초에 2개, 한 시간에 1만 5000개의 합성 멜리 다이아몬드를 감별해낼 수 있는 최첨단 장비다. 0.005캐럿에서 1부까지 감별할 수 있으며, D~J컬러의 천연과 합성 그리고 모조까지 한 번에 감별이 가능하다.

항상 강조하는 말이지만, 신뢰는 함부로 쌓기도 어렵고 어렵게 쌓은 신뢰가 단 한 번의 실수로 무너져버리기도 한다. 소비자 신뢰를 최우선으로 하는 다이아몬드 산업의 특성을 감안할 때, 어떤 비즈니스 논리를 대더라도 불법적이고 부도덕한 다이아몬드는 국내에서 한 톨도 유통되어서는 안 된다고 생각한다. 고객들이 우리나라 주얼리 시장을 못 믿는 일만큼은 없어야 하기 때문이다.

그동안에는 별다른 조사 수단이 없어 업계 사람들도 걱정만 했다. 하지만 지금은 합성 다이아몬드를 한국에 들여오면 무조건 잡힌다는 분위기가 조성되어 있다. 작은 바람이 있다면, 해외에도 한국의 다이아몬드 시장은 합성을 구분할 수 있는 감시 장치가 완벽하게 구비되어 있다는 사실이 알려지는 것이다. 그래서 우리나라 다이아몬드 시장에 대한 해외 인식이 개선된다면 그보다 더 보람된 일은 없을 것이다.

아마 다이아몬드 합성은 갈수록 더욱 교묘해질 것이다. 그러면 나는 더 업그레이드된 장비를 구비해서 막을 것이다. 그래서 우리나라 다이아몬드 시장의 신뢰를 높이고 고객들이 믿고 제품을 구매할 수 있도록 할 것이다. 그것이 나의 의무이자 사명이라고 생각하기 때문이다.

썩은 다리는
결국 무너진다

"야, 이재호! 힘든데 이걸 굳이 해야 해?"

나는 항상 정의롭고 옳은 것을 선택하기 위해 노력했다. 바르게 가고자 노력하는 바람에 고통스러운 순간들도 많았다. 그때마다 스스로에게 진지하게 물어보았다. '이 일을 하는 것이 과연 옳은가? 사회적으로 바른 일인가?' 대답은 늘 예스였다. 옳고 바른 일이었기 때문에 힘들더라도 해야만 한다고 스스로를 설득하고 다독였다. 그러면서 고통을 즐기는 법을 터득하기도 했다.

하지만 견디기 힘든 순간도 있었다. 바로 함량 문제로 국가기술표준원에 이의를 제기했을 때였다.

앞서 함량에 대한 이야기를 잠시 했지만, 초창기 주얼리 시장에서는 귀금속 제품을 만들 때 함량을 정확히 파악할 수 있는 감별 기구도 없었고 그것을 중요하게 생각하는 사람도 드물었다. 그런데 1989년 공업진흥청(국가기술표준원의 전신) 품질표시 제도에서 귀금속에 -0.5퍼센트의 허용 오차를 주고 이를 넘기면 법적 위반이라는 기준을 정했다. 즉 -0.5퍼센트까지는 위법이 아니었던 것이다.

바로 그 무렵 업계 24개 단체 중 10여 개 단체장들이 모여서 허용 오차를 -0.2퍼센트까지 줄이자고 한 일이 있었다. -0.2퍼센트라는 수치도 1년 넘게 끌다가 겨우 합의가 이루어진 것이었다. 하지만 나는 품의가 올라가 결재가 진행 중이라는 이야기를 듣자마자 기술표준원으로 달려갔다.

"아니, 이게 무슨 소립니까? 전 세계가 다 제로(0)인데 왜 우리나라만 허용 오차를 둬야 합니까?"

말이 안 되는 소리였다. 글로벌 시장에서 허용 오차를 두는 나라는 없었다. 허용 오차가 있다는 자체만으로도 국제적 망신이었고 허용 오차만큼 빼먹어도 된다는 면죄부를 주는 것이나 다를 바 없었다. 고객을 속일 수 있는 틈을 준 것이나 마찬가지였다.

남이 속아만 준다면 수단과 방법을 가리지 않고 돈을 버는 것을 당연하게 여기던 시절이었다. 나는 많은 제품들이 수십 년간 완벽한 함량을 못 지키고 팔려나간 데 대해 상당한 죄책감을 가지고 있던 터였다. 그런데 앞으로도 함량 미달 제품이 아무런 문제없이 계속 판매된다면 그 자체로 부끄럽고 안타깝고 미안한 일일 수밖에 없었다.

법으로 정해놓더라도 하루아침에 완벽한 함량을 지키긴 힘들겠지만, 그렇게라도 하지 않으면 시장에서 함량을 정확히 지키지 않으리라는 것은 불을 보듯 뻔한 일이었다. 어떤 일이 있어도 허용 오차를 제로로 만들어야 했다.

그렇다고 업계 사람들에게 아무런 문제의식이 없었던 건 아니다. 많은 사람들이 함량 준수를 바라긴 했지만 어느 누구도 선뜻 시작하지는 못했을 뿐이다. 함량을 지키기 시작하면 가격경쟁력에서 밀려 손해를 볼 수밖에 없으니 쉽게 바뀔 리 없었다. 그럴수록 나는 더욱더 함량에 대한 부분을 법으로 정해놓고 모두가 지키게 하는 강제력이 필요하다고 생각했다. 그것만이 우리 업계에 종사하는 모든 사람이 사기꾼이나 범죄자 취급을 받지 않고 당당한 사업자가 되는 길이라 믿었다.

이의를 제기하는 내게 담당 공무원은 이렇게 말했다.

"기술적으로 우리나라는 안 된다는 이야기를 들었습니다. 18K가 75퍼센트 함량인데 기술적으로 75퍼센트를 정확히 맞추는 게 쉬운 일은 아니지 않습니까?"

"아니, 왜 정확히 맞춰야 합니까? 더 넣으면 되지 않습니까?"

"더 넣으면 된다고요?"

"그럼요. 순금을 더 넣으면 되는데 뭐가 문제입니까? 75퍼센트든 76퍼센트든 77퍼센트든 위로는 열려 있지 않습니까?"

나는 그렇게 담당 공무원을 설득하고는 부랴부랴 연구소로 돌아왔다. 월곡연구소에 있는 글로벌 자료와 논리적으로 뒷받침할 수 있는 자료를 모두 뽑아서 기술표준원으로 보냈다. 기술표준원에서도 '문제가 있다'고 판단하고는 -0.2퍼센트 함량 기준의 품의를 중지시켰다. 1년 이상 각 단체장들이 전국 판매업자와 함께 결의한 내용을 나 혼자 뒤집어버린 셈이었다. 업계에서는 그야말로 난리가 났다.

"이재호가 도대체 뭔데 업계가 합의해서 만든 결의안을 뒤집는 거야?"

"이재호는 75퍼센트를 정확히 맞출 수 있는 완벽한 시설이 있으니 다른 사람들이 75퍼센트보다 더 넣게 해서 혼자 잘살려고 저 짓을 하는 거지."

"우리 업계 다 죽이고 리골드 혼자 살아남으려고 하는 수작이군."

옛날부터 새로운 시도를 할 때마다 어김없이 들었던 말이었다. 하지만 함량 문제도 리골드와는 전혀 상관이 없는 일이었다. 리골드는 사업을 시작할 때부터 함량을 지켜왔기 때문에 오히려 다른 제품들이 함량을 안 지키는 편이 더 나을지도 몰랐다. 리골드 제품과 다른 제품들의 함량이 모두 완벽하다면 우리 제품은 차별성을 잃는 것인데 굳이 그런 욕을 들어가면서까지 할 이유가 없었다.

그럼에도 수많은 사람들이 엄청나게 욕을 했다. 내 개인적인 욕심을 채우려고 주얼리 시장을 다 죽인다고 말하는 사람들을 심심찮게 볼 수 있었다. 퇴근길 술자리에서의 안주는 당연히 '이재호'였고, 길거리에서 대놓고 손가락질을 하며 욕을 하는 사람도 있었다. 아끼는 후배가 전화를 걸어 "적당히 하고 물러서야 할 것 같습니다. 바깥세상의 분위기는 상상을 초월합니다. 불안합니다"라며 걱정하기도 했다.

그렇다고 물러설 순 없었다. 분명 필요한 일이었고, 누군가는 해야만 하는 일이었다. 나는 우리나라의 주얼리 시장을 죽이는 사냥꾼이 아니다. 오히려 우리 업계를 향해 어디선가 날아올지 모르는 독침을 막고 있는 파수꾼이라는 표현이 더 적당할 것이다.

하지만 사람들은 그렇게 생각하지 않았다. 협박이 소용없을 것 같았는지, 나를 잘 아는 모 교수는 "이 회장, 좀 양보하면 안되겠나?" 하고 회유하기도 했다. 나는 제품을 사는 고객들에게 물어서 '함량이 모자란 제품을 사도 상관없다'라고 말하는 사람이 있다면 그때 양보하겠다고 했다. 잘못된 것을 바로잡는 데 어떻게 양보가 있겠는가? 이번에 양보하면 그 허용 오차가 바뀔 때까지 몇 십 년은 더 걸릴 텐데, 그동안 귀금속 산업은 어찌 되겠는가? 누구를 위해서 허용 오차를 둬야 하는가? 고객을 볼모로 이익을 취하려고 하는 사람에게 도움을 주는 꼴밖에 되지 않겠는가?

나는 기술표준원 담당자에게도 단호히 말했다.

"전 세계 어디에도 허용 오차를 두는 데가 없습니다. 이런 잘못된 관행을 당신이 담당자로서 승인했다고 이름을 남길 수 있겠습니까?"

그렇게 해당 공무원에게 내 안위와 상관없이 지속적으로 이의를 제기했고, 결국 기술표준원에서도 나의 주장이 맞다고 인정했다. 이후 우리나라의 금 함량 허용 오차는 제로로 바뀌었다.

《밥 버포드, 피터 드러커에게 인생 경영 수업을 받다》에서 피터 드러커는 "고객의 유익이 아니라 내부자의 유익을 위해 경영하기 시작하면 조직은 그날로 죽음의 길에 들어선다"라고 말했다. 피터 드러커의 신념은 당시 우리의 상황과 비슷하다. 나는 스스로에게 물었다. '눈앞을 보라. 희망이 보이는가, 아니면 죽음의 길이 보이는가?' 나는 상생이라는 길목에 놓여 있는 썩은 다리를 무너뜨리고 모두가 건너갈 수 있는 튼튼한 다리를 놓으려고 했던 것이다. 그런데 당시 많은 사람들은 모두가 건너간 다리인데 왜 가만히 있는 다리를 무너뜨리려고 하느냐며 나를 질책하고 욕하는 것 같았다.

썩은 다리를 무사히 건너간 사람도 있을 수 있다. 하지만 어느 순간 다리는 무너지게 돼있다. 건너가는 것을 잠시 멈추고 새로운 다리를 놓지 않으면 업계 전체가 죽음의 낭떠러지로 떨어질 수밖에 없다. 고객에게 유익하지 않은 것은 우리에게도 결코 유익하지 못하기 때문이다.

나는 앞으로 주얼리 업계가 고객을 만족시키고자 하는 한 가지 목표를 가지고 경쟁하게 될 거라고 믿는다. 우리 세대에서 잘못된 관행들을 고치지 않고, 다음 세대에게 이 시장이 떳떳하고 외국의 제품들과 비교해서 경쟁력이 있다고 말할 수 있겠는가? 과거의 관행이라고 해서 그것을 계속해서 따를 이유는 없다. 더군다나 그것이 잘못된 관행이라면 말할 것도 없다.

나의 발걸음은 뒤에서 따라오는 사람들이 길을 잃지 않게 하는 소중한 길잡이가 되어야 한다. 시대가 지나 우리의 자녀나 후배에게서 "나의 부모가, 나의 선배가 그때 그런 결정을 내린 덕분에 우리가 이만큼 혜택을 누리고 있다"라는 이야기를 들어야 하지 않겠는가? 잘못된 관행을 그대로 물려주고는 관행이라서 어쩔 수 없었다는 식으로 얼버무리는 것은 너무나도 부끄러운 짓이다.

아직도 바꿔야 할 부분이 많다고 느끼지만, 함량 허용 오차 제로와 같이 우리나라의 주얼리 업계는 더 투명하고 공정하게 변화하고 있다. 점점 더 고객들이 안심하고 선택할 수 있는 시장이 되어가고 있다고 자부한다.

골프에서 배우는
인생

7년 전 한 친구가 일본 바이어를 초청해 골프를 친 이야기를 들은 적이 있다. 일본 사람 중에 골프를 못 치는 경우는 별로 없다고 들었는데, 그 바이어 역시 할 줄은 알지만 1년에 두세 번 정도 골프를 치는 사람이라고 했다.

아마추어 골퍼들은 룰을 잘 모르고 경기에 임하는 경우가 많다. 그래서 그 바이어는 스코어를 찍는 시계를 손목에 차고 게임을 했다고 한다. 공을 칠 때마다 꼼꼼하게 타수를 누르는 것이 신기해서 가만히 지켜봤더니, 헛스윙을 하고 나서도 타수를 기록하고, 파 4홀에서 4온 3퍼트에도 일말의 부끄러움 없이 스코어를 정확하게 기록해 결국 스코어 카드에 122개를 적어내더라는 것이다. 함께 경기를 한 친구는 70타 중반을 쳤는데도 불구하고 오히려 고개가 숙여지더라고 했다.

그때 내 친구는 '나 같으면 과연 저렇게 정직하게 할 수 있었을까?'라는 생각이 들었다고 한다. 또한 골프 경기에서는 자신이 이겼지만 인생에서 보자면 자신이 진 것 같았다고 한다.

평소 경기에서 매너를 깨끗이 지키고 룰대로 게임에 임하는 사람들을 보면 '아, 이 사람은 신뢰할 수 있겠구나. 믿을 만한 인격이구나'라는 생각이 든다. '신사의 매너를 가지고 있으니 업무에서도 내가 걱정할 일이 없겠군' 하면서 그 사람뿐만 아니라 그의 회사까지 신뢰할 수 있다. 경기에서 골프를 잘 치는 것이 중요한 게 아니라, 얼마나 부끄럽지 않은 인생을 보여줄 수 있느냐 하는 것이 중요하다.

싱글을 치면서도 경기가 잘 풀리지 않는 홀에서 감정을 여과 없이 표출하거나 타수를 정확히 말하지 않는 사람이라면 동반자들 모두가 '매너가 정말 없구먼' 하고 인식을 한다. 스코어가 나쁜 것은 골프를 못 친 탓이지 인간성이 나쁜 탓이 아니다. 골프 스코어는 좋아질 수가 있지만, 상대방을 속이는 사람으로 기억되는 순간 그 평판을 회복하기란 거의 불가능하다.

골프를 하면서 5타를 쳐놓고 3타로 말한다든지, OB 지역에 떨어진 공을 찾으러 가서 드리블을 한다든지, 해저드에 빠진 공이 살아서 돌아온다든지 하는 걸 볼 때가 있다. 실력이 너무 미천하여 스스로의 스코어를 계산할 수 없거나 착각해서 스코어를 혼돈한다면 그건 또 모를 일이다. 하지만 동반자들도 뻔히 다 아는 스코어를 속이려고 하는 모습을 보면, 그런 사람은 골프를 치러 온 것이 아니라 적당히 요령껏 공이나 치고 가는 것뿐이라는 생각이 든다.

골프는 규칙 제1장 제1절에 에티켓에 대한 내용을 담고 있을 정도로 '예의'를 경기의 기본으로 규정하고 있다. 경기를 마칠 때까지 직접 뛰는 사람이나 관전하는 사람 모두 매너를 지켜야 한다. 골프를 관전하러 온 사람들을 다른 스포츠처럼 '관중'이라고 부르지 않고 '갤러리'라고 하는데, 페어웨이를 포함한 골프장의 전경이 미술품을 연상시키고 그 미술품을 감상하듯 조용히 플레이를 지켜본다는 뜻에서 유래한 것이다. 이는 오랜 세월에 걸쳐 경기를 지켜보는 사람들이 스스로 품격을 지켜왔기 때문이라고 생각한다.

골프 운동에 심판이 있는가? 그렇지 않다. 본인 스스로가 심판이다. 인생도 마찬가지다. 본인 스스로에게 부끄럽지 않은 행동과 결정을 해야만 한다. 인생의 심판은 바로 자기 자신이기 때문이다. 인생에서도 스코어를 속여서 잘 친다고 허세를 부리는 사람들이 많다. 양심을 속이고 스스로를 사기꾼으로 만드는 행위다.

나는 골프라는 경기뿐만 아니라 인생에서도 '사람에 대한 기본적인 예의'를 지키는 것이 무엇보다 중요하다고 강조해왔다.

인생을 정직하게 살아온 사람만이 자기 자신의 삶을 아름답게 바라볼 수 있는 갤러리의 자세를 가질 수 있다. 인생이라는 게임에 참여하는 모든 선수가 에티켓을 지켜야 하지만, 갤러리들도 매너를 지켜서 선수들이 치르는 경기를 지켜보아야 한다. 그러나 우리 주변에는 예의를 지키지 못하는 사람들이 너무나 많다.

사람들이 바보 같다고 치부하는 여러 가지 행동들을 내가 기어코 하는 이유는 언젠가 내 가치관을 이해해주는 세상이 오리라는 믿음이 있기 때문이다. 나의 진심을 알아주는 날이 반드시 올 것이라고 믿는다.

가치 투자의 귀재 워렌 버핏은 '버크셔 해서웨이'의 지사장들에게 2년에 한 번 다음과 같은 메시지를 던진다고 한다. "여러분은 돈을 잃어도 상관없습니다. 큰 액수여도 괜찮습니다. 하지만 평판을 잃지는 마십시오. 인격을 잃지 마십시오. 우리에겐 돈을 잃을 여유는 충분히 있으나 평판을 잃을 여유는 조금도 없습니다. 여러분은 아직 젊습니다. 지금의 모습보다 훨씬 나아질 가능성이 충분합니다. 결코 돈 때문에 직장을 선택하거나 사람을 사귀지 마십시오. 저는 아무리 큰돈을 벌어준다고 해도 도덕적으로 믿을 수 없고 신용이 가지 않는 사람들과는 함께 사업을 하지 않습니다. 그것은 언젠가는 '뱉어내야' 한다는 걸 알고 있기 때문입니다. 저는 1년 내내 제가 좋아하는 일을 제가 좋아하는 사람들과 함께합니다. 결국 가장 중요한 것은 이것이라고 생각합니다. 금전적으로 성공하는 것은 두 번째 일입니다. 가난했던 때와 조금은 부유해진 지금, 바뀐 것은 별로 없습니다."

그렇다. 신뢰가 무너진 평판은 어떠한 투자를 하더라도 되찾을 수 없다. 실수도 하고 실패도 하는 것이 사업이고 인생이지만, 신뢰는 함부로 살 수 있는 것이 아니다.

부의
패러다임

우리나라에서 좋지 않은 의미로 쓰이는 '갑질'이란 '갑을관계'에서 우위를 차치하고 있는 '갑'이라는 단어에 나쁜 행태를 뜻하는 '질'이라는 접미사가 붙어 만들어진 단어다. 고객을 위한다는 말은 너무나 흔하다. 기업의 모든 결정과 행동은 고객 만족을 위해서라고 하면서도 많은 기업들이 '갑질'을 공공연히 행해온 것은 충격적이다.

기업들이 행하는 갑질 중에서 "너 누가 월급 주는 줄 알아?"라는 터무니없는 질문이 있다. 기업은 내가 만들었다고 해서 내 개인 소유가 아니다. 기업이 창출해내는 가치를 이용하고 즐기는 모든 고객의 것이다. 사업자가 줄 수 있는 월급 역시 결국은 고객이 선택해주지 않으면 있을 수 없다.

GE의 CEO였던 잭 웰치는 그의 직원들에게 "아무도 여러분의 직장을 보장할 수 없습니다. 고객만이 여러분의 직장을 보장합니다"라고 말했다.

잘못된 기업 고용주의 생각은 직원들의 생활과 가치관에 혼란을 준다. 뿐만 아니라 그로 인해 생기는 손해는 전부 고객이 받게 되어 있다. 또한 그런 정상적이지 않은 생각은 사회를 병들게 한다.

나는 이 모든 것이 부의 뜻을 잘못 정의했기 때문이라고 보고, 이제는 경영자들이 부에 대한 패러다임을 바꿔야 할 때라고 생각한다.

사장인 나는 무엇인가. 나는 고객의 돈을 관리하는 관리자다. 기업의 주인은 고객이고, 급여는 고객이 주는 것이다. 모든 기업은 누구를 위해서 만들어졌는가? 바로 그 기업을 활용하고 싶어 하는 고객을 위해서 만들어진 것이다.

'부'란 기업의 오너가 그만한 능력이 있기 때문에 고객이 믿고 맡겨놓은 것이다. 나는 고객이 맡겨놓은 재산을 고객에게 다시 돌려줘야 할 의무가 있고, 그러기 위해서 모든 행위를 하고 있는 것이다.

나는 한 번도 부를 내 것이라 생각하지 않았다. 고객이 나에게 좀 더 좋은 제품을 개발하고 더 나은 세상을 만들라고 투자한 것이라고 생각했다. 투자는 고객을 위한 더 좋은 제품을 개발하는 데 쓰였고, 그 이익은 더 예쁜 제품으로 고스란히 고객에게 돌아갔다. 다시 말하지만 나는 고객의 신뢰를 얻음으로써 고객들의 재산관리자가 된 것이다.

믿기지 않겠지만, 나는 제품을 만들어 팔면서 사실 돈을 버는 것 따위는 잊어버렸다. 아예 생각을 안 하고 살았다. 돈이 벌리는지 안 벌리는지도 몰랐고, 그저 고객을 기쁘게 해줘야겠다는 열정만 좇았다. 고객이 내 열정을 알아줄 것이라고 믿었다. 물밀듯이 쏟아져 들어오는 주문 그 자체가 많은 고객들의 박수 소리처럼 들렸다. 그들이 제품을 보며 미소 짓고 있다고 생각하면 그것만으로도 가슴이 황홀해졌다. 여기까지 오려고, 이런 모습이 되려고 노력한 것이 아니라 그저 내가 가장 잘할 수 있고 가슴 뛰는 일을 했을 뿐이다. 내가 살아가는 원동력은 고객의 미소였다. 그것에 미쳐서 지금까지 살아왔다. 그랬더니 돈은 저절로 벌렸다. '이 세상에서 가장 아름다운 선물을 해주고 싶다'라는 간절한 마음과 '타인에게 도움이 되는 삶을 살겠다'는 순수한 열정을 고객이 받아준 결과였다.

교세라의 명예회장인 이나모리 가즈오는 그의 책《성공의 요체》에서 이렇게 말하고 있다. "내가 받은 부는 이나모리 가즈오라는 남자가 사회로부터 위탁받은 것으로, 가능한 한 빨리 사회에 환원해야 한다." 그리고 그의 경영에 큰 영향을 미친 마쓰시타 고노스케의 일생을 다룬《동행이인》이라는 책에서는 다음과 같은 말이 나온다. "이윤이란 사회가 우리에게 맡긴 것이다."

나 역시 나의 부를 움켜쥐고 있을 것이 아니라 다시 고객을 위해 값지게 써야 한다는 생각을 했다. 리골드의 수입이 고객을 위해서 쓰이고 있다는 사실을 사람들이 모를 수도 있고, 고객을 위해서 쓰인 돈이라는 게 존재하는지조차 모르는 사람들도 있을 수 있다. 하지만 상관없다. 누군가 알아주길 바라는 마음에서 한 일이 아니기 때문이다.

또한 사장은 직원이 그들의 능력을 마음껏 발휘하고 정성을 다 쏟아서 고객을 위해 많은 기여를 할 수 있도록 뒤에서 말없이 도와주는 조력자의 역할을 해내야 한다. 직원 전체가 각기 다른 생각을 하면서 나아가는 것이 아니라, 고객이 원하는 만족도를 일궈내기 위해 전 직원이 같은 생각으로 행동하도록 이끌어야 한다. 또한 사장을 믿고 따를 수 있도록 직원의 가족이나 모든 개인적인 문제도 결과적으로는 책임을 지고 돌봐줄 의무가 있다. 직원들이 행복을 느끼며 사회생활을 해나갈 수 있는 여건이 되도록 무한 책임을 느끼면서 회사를 운영해야만 소임을 다하는 것이다. 직원의 불행은 개인적인 일이기 때문에 사장 자신과는 무관하다는 식의 회피성 접근은 곤란하다. 유능한 사장은 직원들의 기분까지 보살피는 것이라 본다.

그리고 고객이 추구하는 뜻을 받들어 그들을 만족시킬 수 있는 일을 끝까지 해내는 데 가장 앞장서는 탐험가가 되어야 한다.

탐험가가 오직 '탐험' 그 자체를 위해서 위험을 무릅쓰고 살피며 조사하는 열정을 불태우듯이, 사장도 '고객 만족' 그 자체를 위해서 자신의 삶을 살아가야 한다.

등불 같은
삶을 살아라

"어두운 곳에서 등불같이 사는 것이 가장 훌륭한 삶이다."

장학재단이나 연구소 명칭에 있는 '월곡月谷'은 나의 호에서 따온 것으로, 어머니께서 틈날 때마다 해주신 말씀의 의미를 잘 담고 있다. 어머니는 내게 수많은 가르침을 주셨는데, 그중에서도 절대 잊히지 않고 내 마음에 가장 강렬하게 남아서 마치 사명같이 여겨지는 말씀이다.

어머니 말씀을 들을 때마다 "맞아, 나는 어두운 곳에서 빛이 되어 살 테야"라고 되뇌었고, 그것은 '도움이 되는 삶'이라는 내 가치관의 근간이 되었다.

밝은 곳에는 달이 있어도 소용없다. 캄캄하고 어두운 세상에만 도움을 줄 수 있는 것이 바로 달빛이다. 어두운 세상, 특히 계곡같이 빛이 부족한 곳이라면 어디든 내가 그 부족함을 채우고 싶은 마음이다. 그런 생각과 가장 닮은 말로 '월곡'이라는 단어를 고른 것이다. 한시도 부족함을 느끼지 않고 다른 사람들과 같은 행복을 누리고 살 수 있게끔 도와주는 것이야말로 가장 값진 삶이라고 생각한다.

여러 산업 가운데 주얼리 산업에 투자하고 애착을 가진 것은 물론 내가 평생을 몸담은 곳이기 때문이기도 하지만, 낙후된 업무 환경에서 일하는 주얼리 산업 종사자들이 안타까웠기 때문이다. 보석같이 아름다운 물건을 만지며 일하면서도 주얼리 산업 자체가 그다지 아름답지 못하다고 느꼈고, 이 산업을 선진 산업으로 이끌어보겠다는 생각이 가득했다.

만약 주얼리 산업이 IT나 자동차 산업같이 선진화되어 있었다면 내가 도울 일이 없었을지도 모른다. 그런 산업이라면 그저 박수를 보내고 말았을 것이다. 하지만 주얼리 산업은 여전히 낙후되어 있고, 원시적인 방법으로 일하는 사업장이 많다. 이러한 속사정을 잘 알고 있는 나로서는 현실을 보고 피부로 느끼면서 그냥 지나칠 수가 없었고, 이는 자연스레 주얼리 산업을 꼭 선진화시키겠다고 하는 결심으로 이어졌다.

달빛은 어두운 밤일수록 빛난다. 어두운 밤처럼 어렵고 힘든 곳일수록 나의 능력을 달빛처럼 비추어 도움이 되고 싶다. 그래서 작게는 주얼리 업계가, 크게는 사회 전체가 좀 더 밝은 희망을 이야기할 수 있도록 최선을 다할 것이다. 이러한 나의 마음이 바로 '월곡 정신'이라고 할 수 있으며, 나는 이 정신을 사람들에게 항상 다음과 같이 이야기하고 있다.

- 삶이란 세상에 필요한 존재가 되어가는 과정이다.
- 오늘의 나의 배움은 내일의 누군가를 위함이다.
- 진정한 인생의 보람과 행복은 자신의 능력을 값지게 쓰는 데 있고, 이를 위해 지식을 쌓는 것이다.
- 삶의 수많은 갈림길은 개인의 이익을 우선하지 않을 때 단 하나의 바른길로 연결된다.
- 부를 목적으로 하는 인생은 결단코 남을 돕는 인생에 미치지 못한다.

월곡 정신은 나만 실천할 수 있는 게 아니다. 지금도 누군가에게 도움이 되려고 하는 '빛' 같은 모든 사람의 마음가짐을 월곡 정신이라 칭하고 싶다.

많은 사람들이 개인의 이익을 위해, 돈벌이를 위해 치열하게 싸우는 와중에도 나는 고객에게 기여하는 것을 행복으로 알고 일했다. 사람들은 나보고 왜 사서 고생을 하느냐고 묻기도 했다. 그러나 남을 돕기 위해 일하는 것이 다른 사람들에게는 자칫

고생스럽게 보였는지 몰라도 나에게는 온통 행복한 순간이었다. 내가 좋아서 하는 일이었으니 힘든 줄도 모르고 피곤함을 느낄 시간도 없었다. 고객을 미소 짓게 하는 일, 타인을 행복하게 하는 일에서 즐거움을 느껴본 사람이라면 충분히 공감할 것이라 믿는다.

이 세상은 돈을 벌기 위해 일하는 사람과 타인에게 도움이 되려는 마음으로 일하는 사람이 함께 모여 경쟁을 하고 있다. 상대를 위하려는 생각이 많아진다면 상대에게 만족을 줄 수 있는 능력에서 다른 사람보다 앞서나가므로 돈도 더 많이 벌 수밖에 없다. 그렇게 돈과 명예가 자연스럽게 따라오는 것이다. 결국 인생이란 상대방에게 만족을 주고 기여를 하다가 죽는 과정이 아닌가 생각한다.

사람들에게 이런 이야기를 들려주면 앞에서는 이해하는 척하면서 맞는 말이라고 맞장구를 치곤 하지만, 돌아서면 이해할 수 없다는 식의 반응을 보인다. 지금의 세태를 보면 사업가든 회사원이든 기업이든 '나에게 유리한가, 불리한가?'를 가장 먼저 생각하는 것 같다. 기업들도 고객을 위한다고 하지만 '체'하는 경우가 많다. 어느 정도는 만족을 줘야 운영이 되고 이익이 생기니까, 사실 마음에는 없지만 엄청나게 고객을 위하는 척 포장을 하는 것이다.

자산이 5조 7000억 원에 달하는 버진그룹의 회장 리처드 브랜슨은《내가 상상하면 현실이 된다》라는 책에서 이렇게 말하고 있다.

"내가 생각하는 버진의 성공 비결은 언제나 고객을 최우선에 놓는 것이다. 그리고 얼마의 비용이 들든 그들이 원하는 것을 제공하려고 노력하는 것이다. 많은 경영자들이 돈을 지불하는 고객이 아니라 기업과 기업에 종사하는 사람들을 위해 일하는 실수를 저지른다. 나는 항상 그들에게 이렇게 말한다. '경영자로서 스스로에게 이렇게 질문해 보십시오. 이것이 과연 내가 고객이었을 때 원했던 대우인가라고요.'"

나는 이 질문에 늘 '그렇다'라고 대답하기 위해 고객 만족을 위한 혁신적인 방법을 찾는 일을 절대로 멈추지 않는다. 이런 이야기를 하면 사람들은 "돈이 많아서 쉽게 그런 소리를 할 수 있는 거지" 또는 "혁신적인 방법을 찾고 싶어도 그럴 돈이 없는걸"이라고 말한다. 하지만 생각을 바꿔보라. 돈은 있으면 있을수록 더 욕심이 생기고 하고 싶은 것도 더 많아진다. 돈이 없다고 해서 고객을 위해 무언가를 하지 못한 사람들은 돈이 있어도 절대 하지 못한다.

하버드에서는 "의문은 현재의 삶에 머물게 하지만, 질문은 미래의 삶을 바꾼다"라고 가르친다. '과연 타인을 위해 산다는 것이 말이 되는 거야?'라고 의문을 갖지 말고 '남을 위해서 살려면 어떻게 해야 할까?' 하는 질문을 해보길 바란다. '아, 남을 위했더니 정말 행복해지는구나'라고 분명히 느낄 것이다. 그리고 돈이 벌리는 것도 느끼게 될 것이다. 재테크 책이나 자기계발서를 찾아 읽을 필요도 없다. 그럴 시간이 있다면 자신이 마주한 사람에게 도움이 되고 있는지를 생각하라. 만약 그렇지 않다면 어떤 도움을 줄 수 있는지 지금 당장 리스트를 작성해서 실천하라. 타인의 어두움을 밝힐 빛이 되고자 한다면 분명히 인생은 달라질 것이다.

'고객을 위한 마음'을
물려주다

내가 처음 목걸이 공장을 할 때만 해도 목걸이를 살 수 있는 사람은 우리나라 전체 인구의 1퍼센트가 채 되지 않았다. 주얼리에 특별히 관심이 있는 사람이나 극부유층, 또는 외국을 자주 다니는 사람들 정도가 목걸이를 착용했다. 내가 제대로 된 제품을 생산해낸 것은 1986년부터인데, 이후 약 30년 동안 온 국민이 목걸이를 적어도 한 개 이상씩 가질 수 있도록 그 수요를 시기적으로 잘 채워왔다고 생각한다.

요즘 사람들이 볼 때는 흔히 하는 말로 시대를 잘 만나서 사업을 편하게 했다고 생각할 수 있지만, 그것만은 아니라고 말하고 싶다. 소비자의 수요는 항상 예측하기가 힘들다. 최근에는 더욱 그렇다. 하지만 변하지 않는 한 가지는, 사람들의 삶을 바꿀 수 있는 제품이나 서비스는 어느 시대에나 존재한다는 것이다. 일상생활에서 흔히 제공되고 있는 제품 또는 서비스가 아무것도 아닌 것같이 보이지만, 요즘도 시스템이나 제품 등으로 생활패턴을 바꾸어 도움을 주는 사람들이 백만장자가 된 사례는 충분히 많다.

세상에 없는 것을 내놓아야 한다. 내가 목걸이를 만든 것도 세상에 없는 것을 내놓은 것이나 다름없었다. 상상 속에 있는 것을 현실에 내놓는다는 점이 중요하다. 고객의 기대를 충족시켜줘야 하는 것이다.

고객의 기대를 계속해서 충족할 수 있는 기업은 창업자가 떠난 뒤에도 성장해나갈 것이다. 반대로 그렇지 못한 기업은 한 세대에서 단발성으로 끝날 것이다. 한 사람이 기업을 끌고 가는 것은 30년이 최대치라고 생각한다. 그 이상 기업이 존속하려면 경영자가 왕성하게 활동하는 동안 인재를 육성하고 기업관을 실천하게 해야 한다.

1979년에 가치관을 바꾼 이후로 2010년까지 30여 년 동안 오직 고객 만족만을 위해 나의 전부를 바쳐 일해오면서, 내가 언제까지 리골드를 이끌 수 있을지 고민에 빠지기 시작했다. 이 고민은 월곡주얼리산업진흥재단을 만들면서 좀 더 진지해졌고, 나의 가치관을 실천할 수 있는 사람이라면 꼭 내가 아니더라도 리골드의 기업 이념을 지켜나갈 것 같았다. 그리고 나는 월곡 재단

및 연구소를 통한 좀 더 폭넓은 차원의 고객 만족 방법을 찾기로 했다.

오랫동안 고민한 끝에 리골드의 대표이사 자리를 셋째 딸에게 넘겨주고 내 역할을 대신하도록 했다. 회사를 물려준 것이 아니라 고객의 신뢰를 넘겨준 것이니 스스로의 가치관을 버리고 고객을 위한 삶을 살아가라고 강조했다.

"우리 기업의 가치관을 절대 잊으면 안 된다. 시대나 상황에 따라 변화하고 타협할 수 있는 것이 아니다. 회사가 어떤 결정을 내릴 때 가장 우선시되어야 할 제1의 이치여야 한다."

그리고 2010년 시무식에서 대표이사 이임을 공표하며 직원들에게도 다시 한 번 리골드라는 기업의 존재 이유를 설명했다.

오늘은 어느 해 시무식보다 뜻 깊은 날이라 여겨집니다. '이재호의 리골드'에서 '이연주의 리골드' 시대를 맞는 첫해 시무식이기 때문입니다. 다들 그동안 제 뜻을 따라주어 고맙습니다. 공식적으로 이취임식을 못했습니다만 이 자리로 대신할까 합니다.

네 자녀 중 가장 유능하다고 믿어온 셋째 이연주를 대표이사 사장으로 임명하고, 이재호의 뜻과 리골드의 기업 가치관에 대한 모든 것을 위임합니다.

대표이사 이연주는 고객을 위하는 우리 기업의 정신을 깊이 연구하고 발전시켜주길 바랍니다. 고객을 주인으로 섬기고, 함께 일하는 리골드 가족을 친형제같이 사랑하고 아끼면 좋겠습니다.

여기서 내 가치관이자 리골드의 가치관에 대해 다시 한 번 설명하고자 합니다.

나 자신의 부를 축적하기 위한 리골드가 아니라 고객에게 만족을 주기 위한 리골드입니다. 따라서 여러분은 단지 월급을 위해서 출근하는 것이 아니라, '고객을 위하는 기업', '고객 만족을 실천하는 기업'이라는 큰 철학과 신념을 함께하고, 이를 실현하기 위해 여러분의 능력과 열정을 다해주기 바랍니다.

저는 평소 존경하는 인물로 이순신 장군을 언급하곤 했습니다. 백성과 나라를 아끼는 마음, 그것을 실천하기 위해 자신을 희생해가며 전투에 임했던 모습, 모든 고통을 감내하며 23번의 전투에서 백전백승을 해내는 모습이 너무나 존경스러웠습니다. 이순신 장군뿐만 아니라 이병철 회장이나 정주영 회장 같은 분들도 제 가치관과 닮은 점이 많아 평소 존경해왔습니다.

여러분도 이순신의 삶을 깊이 생각해보고, 이연주 사장과 함께 고객의 행복을 위해서 많은 고통을 감내하는 제2의 이순신이 되어주기를 바랍니다.

많은 부서장님들이 지시하던 입장에서 지시를 받게 된 상황이 쉽지는 않을 것입니다. 그것은 이연주 사장도 마찬가지입니다. 얼마 전까지만 하더라도 본인이 모시던 상사인데, 지시를 해야 하는 입장이 되었으니 무척 힘들 것입니다.

지도자의 자리가 좋은 것만은 아니니, 어린 나이에 무거운 짐을 지고 있다는 점을 헤아려 친형제처럼 이해하고 아끼며 서로 의논해가면서 훌륭한 대표로 키워주실 것을 당부드립니다. 저는 이연주와 같은 자식이 있다는 게 얼마나 다행인지 모릅니다.

금년도 계획은 부서장들 간에 충분한 논의가 있었다고 들었습니다. 이 자리에서 제가 어떻게 하라고 이야기하는 것은 적절치 않을 것 같습니다. 시장 변화와 고객의 입장을 미리 살피고, 언제까지나 고객의 사랑을 받는 기업으로 성장하길 바랍니다.

마지막으로 노파심에 한마디 덧붙입니다.

오랜 기간 고객 만족만을 위해 일해왔습니다. 신임 사장에게 리골드를 물려주는 이때, 오직 남을 위해 살고 고객 만족만을 위한 기업을 일궈나가 달라는 창업자의 간곡한 지시를 과연 여러분 모두 잘 실천하고 있는지, 스스로 잘 생각해보시기 바랍니다.

회사가 존재하는 이유는 단 하나입니다.

리골드는 전 직원이 가장 사랑하는 사람에게 선물한다는

마음으로 제품을 만들어 제공하고, 고객에게 행복을 줄 수 있는 곳이어야 합니다. 그 가치관을 함께 실현해나갈 때 여러분 스스로의 행복도 커질 것임을 믿어 의심치 않습니다.

감사합니다.

직원들도 가업을 승계하는 것이 부의 대물림이 아닌, 회사의 가치관을 실천하기 위한 사람이 바뀌는 것이라는 공감대를 갖고 있었다.

대표 자리를 물려주고 3년 뒤 리골드는 창립 50주년을 맞아 기념행사를 열었다. 2013년 5월 1일 개최된 기념행사는 지난 50년의 세월을 자축하는 자리이자 앞으로의 50년 또한 고객을 위하는 기업이 될 것을 다짐하는 자리가 되었다. 오직 '고객 만족'만을 실천함으로써 리골드가 100년 기업이 될 수 있도록 마음가짐을 새롭게 하는 시간이었다.

기념사를 마치고 자리에 앉자, '결국 내가 여기까지 왔구나' 하는 생각이 들었다. 왁자지껄한 흥겨움 속에서 나는 이상하리만치 평상심을 느꼈다. 앞이 보이지 않는 암흑을 헤치고 나아가면서 '이것이 과연 내가 해야 할 일인가?'를 스스로에게 물어보았을 때 한 번도 의심해보지 않은 길이었다. 만감이 교차하는 가운데 50주년 축하 영상이 나오기 시작했다.

우리는 믿습니다.

우리의 노력으로 모두의 삶이 아름답게 변해갈 수 있다는 것을.

그리고 우리는 지켜나갑니다.

50년간 이어진 고객을 향한 한결같은 마음을.

고객 만족을 향한 열정은 오늘도 멈추지 않고 쉼 없이 고민하며 앞으로 나아갑니다.

대한민국 주얼리 산업의 발전을 위해 리골드는 항상 최초가 되어야 했고 항상 최고가 되어야 했고 어떠한 타협도 하지 않았습니다.

이제 우리는 새로운 50년을 준비합니다.

그 시간은 우리의 꿈을 실현하기 위한 기나긴 여정이 될 것입니다. 하지만 그 길 위에도 분명 우리의 이름이 새겨질 것이라 믿습니다.

고객의 믿음과 신뢰를 지키기 위해 지난 50년간 늘 그래왔던 것처럼 우리의 발걸음은 멈추지 않습니다.

모두의 아름다운 생활을 위해

We Trust 리골드

— 리골드 50주년 기념 영상 메시지

기업이 50년이나 지속되어왔다는 것은 내 가치관이 옳았음을 증명해주는 명백한 증거라고 생각한다. 과연 1년 후 회사가 존재할까를 걱정할 때가 있었는데 쉬지 않고, 지치지 않고 여기까지 온 것에 대해 스스로 장하다는 생각이 들었다.

물론 50주년이라는 큰 행사를 열 수 있었던 것은 나 혼자만의 힘이 아니었다. 기업의 경영 이념을 행동으로 실천해오며 묵묵히 고객 만족을 이뤄온 직원들이야말로 리골드의 진정한 힘이라고 말할 수 있다. 기업 이념에 심어져 있는 나의 혼이 영원히 살아서 더욱더 많은 사람들의 삶에 기여가 되는 행동으로 이어지기를 바란다.

아울러 오늘날의 리골드 브랜드가 명품으로 자리 잡을 수 있었던 것은 수많은 고객이 우리의 정직하고 올바른 신념과 최고 품질의 제품을 인정해준 덕분이다. 나의 진심을 알아주시고 아직까지도 리골드 브랜드를 찾아주시는 모든 고객에게 머리 숙여 감사의 인사를 전하고 싶다.

"제가 행복을 드릴 수 있게 해주셔서 감사합니다."

돈은 간절히 원할수록
도망간다

교토세라믹주식회사(현 교세라)의 창업자 이나모리 가즈오는 마쓰시타 고노스케, 혼다 소이치로와 함께 일본에서 가장 존경받는 기업가다. 그는 인생에서 가장 중요한 덕목 가운데 하나로 이타심을 꼽으며 자신의 저서《바위를 들어올려라》에서 다음과 같이 이야기하고 있다.

예를 들어 어떤 물건을 살까 말까, 팔까 말까, 혹은 다른 사람에게 부탁받은 것을 할까 말까 고민하고 있다고 하자. 보통은 순간적으로 판단해 즉흥적으로 대답하는 경우가 많다. 특별히 자기 수양을 하지 않은 사람은 이때 자기 이익부터 지키려는 생각에 사로잡힌다. 따라서 그런 생각에 강력하게 지배당하기 전에 심호흡부터 크게 한 번 하라. 그리고 내가 했던 말 중에서 '이타심으로 판단하라'를 떠올려보라. 아니면 머릿속으로 스스로에게 이렇게 타일러도 좋다.

'잠깐 기다려. 내게 이익이 될까 말까를 생각하지 말고 상대 방에게 무엇이 좋을지부터 배려해보자.' 심호흡을 하며 이런 생각을 하면 본능에 지배당하며 성급하게 결론 내리기 전에 한 걸음 쉬어가는 시간을 가질 수 있다. 그리고 최대한 상대방에게도 좋고 자신에게도 좋은 방법이 떠오르면 그때 결론을 내리면 된다.

(중략)

이처럼 이타심을 강조하는 이야기를 늘어놓으면 다음과 같은 질문을 던지는 사람도 있다.

"듣기 좋고 허울 좋은 말만 하시는군요. 10퍼센트 이상 남기지 않으면 돈을 버는 기업이라고 할 수 없다고 하셨던 것 같은데요, 돈을 번다는 것은 자기 이익을 추구한다는 뜻입니다. 그런데 이제 와서 다른 사람의 이익부터 고려하라고 하시니 모순이 심하군요. 정말 다른 사람에게 이익과 도움을 주고 싶다면 경영에서도 10퍼센트나 이익을 남겨선 안 되는 것 아닙니까?"

이나모리 가즈오의 대답은 이렇다. "보통 사람들은 이런 '궁극적인 이타심'을 추구한다는 것 자체가 불가능하다. 따라서 이타심을 좀 더 다른 시각으로 바라보며 이해해야 할 것이다. 우리는 누구나 이 세상에서 단 한 번뿐인 인생을 살아가고 있다. 생명이 있는 모든 것은 마찬가지다. 따라서 이 세상에 존재하는 모든 것은 서로 공생하고 공존할 수 있어야 한다. 즉 나도 살고 남도 살아야 한다. 더 나아가 지구에 있는 모든 것이 함께 살아갈 수 있어야 한다. 이처럼 이타심은 서로서로 공존할 수 있도록 배려하는 마음이다. 그런 의미에서 내가 경영하는 기업이 건강하게 살아남기 위해 10퍼센트의 이익을 유지하려고 노력하는 것은 이타심과 모순되지 않는다."

그렇다. 우리는 보통 사람이다. '궁극적인 이타심'을 추구하는 건 불가능할지도 모른다. 그렇다 보니 남에게 도움이 되는 삶을 살라고 하면 대부분은 반감을 갖고 이런 반응을 보인다.

"제 한 몸 건사하기도 힘듭니다. 나를 위하는 것도 힘든 세상에 어떻게 남을 위해서 살라고 하는지 도대체 이해가 안 됩니다. 사장님은 돈이 많으시니까 남을 위해서 살 수 있는 여유가 있겠지만 저는 그렇지 않습니다."

'기여'란 가진 자만이 할 수 있다고 생각하는 것이다. 남을 위해서 살라는 말에 무작정 반발심이 생긴다면 이렇게 생각을 바꿔보는 건 어떨까?

'어떤 일을 하든지 결국은 남을 돕고 있는 것이다.'

택배 일을 하는 사람도 누군가에게 물건을 전달하는 도움을 주는 것이고, 대리운전을 하는 사람도 운전을 못 하는 사람을 대신해 도움을 주는 것이 아닌가? 세상의 모든 일은 남을 돕고 있는 것이다. 그러므로 돈이 많아야만 남에게 기여를 하고 도움을 줄 수 있다는 생각을 버려야 한다. 일하는 자체가 바로 기여인 것이다. 일이므로 반드시 대가를 받는다. 대가가 있어야 지속할 수 있지, 대가가 없는 기여는 단발성일 수밖에 없다.

사람들은 내가 '기여'라는 단어를 사용해 제품을 거저 주듯이 말하고는 돈은 돈대로 받는다고 생각한다. 돈 벌려고 한 행동을 남에게 도움이 되고자 한 행동으로 포장하는 사람이라고 매도하는 것도 서슴지 않는다. 남에게 기여하는 삶이라고 하면 사람들은 당연히 대가가 없음을 전제하는 것이다.

하지만 상식적으로 대가 없는 기여는 있을 수 없다. 누군가에게 도움이 되고 그것을 평생 지속하려면 대가를 만들어낼 수 있어야 한다. 나의 기여를 돈을 받고 정당하게 팔아야 한다. 돈 버는 것을 미덕이라 말하는 자본주의 사회에서 왜 돈을 포기하는가. 제품이나 서비스에 대한 금액을 정당하게 측정해서 대가는 충분히 받아야 한다. 돈은 타인에게 더 많은 기여를 할 수 있는 원동력으로서 가치가 있고, 기여를 많이 할수록 분명히 더욱 쌓인다. 대가가 클수록 기여하는 정도도 커지고, 기여하는 정도가 클수록 대가도 크기 마련이다.

원하는 만큼 돈을 벌지 못했다고 생각하는가? 그럼 스스로에게 물어보라. '내가 원하는 금액에 해당하는 만큼 누군가에게 도움이 되고 있는가?' 선뜻 대답할 수 없다면 기여할 수 있는 방법을 계속해서 찾아나가야 한다. 타인에게 도움이 될 것들을 고민하는 것보다 더 좋은 실천은 없다.

얼핏 남을 위해 살라고 하는 것 같지만 결국 자신을 위한 것이다. 남을 위함으로써 내가 소멸되는 것이 아니라 좀 더 강력하고 건강한 '나'로 재탄생하는 것이다. 타인에게 도움을 주는 것은 지금 당장 손해를 보는 것 같아도 결국 나의 성장과 행복의 길을 여는 열쇠다.

나는 인류애 같은 거창한 뜻을 품고 일을 해온 것이 아니었다. 단지 주얼리 업계를 좀 더 일하기 편하고, 좀 더 사랑받고, 좀 더 투명하고, 좀 더 고객의 신뢰를 받는 곳으로 만들고자 노력했을 뿐이다. 더불어 나의 한 걸음으로 세상이 조금이라도 나아질 수 있다면 그보다 더 기쁜 일은 없다고 생각했고, 그 범위가 점점 더 커졌을 뿐이다.

모두가 개인의 이익을 위해, 자신의 행복을 위해 치열하게 돈벌이를 하고 있다. 하지만 돈은 간절히 원할수록 더욱더 손에 잡히지 않는다. 돈이라는 것은 생물과도 같아서 상황을 정확히 알아채고 도망을 간다.

나는 돈을 벌기 위해 발버둥치지 않았다. 오직 남에게 기여하는 것을 행복으로 알고 일했다. 그러다 보니 엄청난 돈이 부산물로 생겼고, 사람들이 말하는 부자가 되어 있었다.

남을 돕는 삶은 모든 사람의 최종 목적지이고 근본적 목표다. 돈을 벌기 위해, 내 행복을 위해, 내 이익을 위해 살아간다고 생각하지만, 사실 모두가 남을 돕기 위해서 사는 것이다. 누가 더 많이 돕는지 치열하게 경쟁하면서 살아간다고 상상해보라. 분명 지금보다는 훨씬 더 멋진 세상이 될 것이다. 지구상의 모든 사람이 그렇게 살지는 못하겠지만, 내 가치관을 믿고 실천하는 사람이 많아질수록 더 따뜻하고 멋진 세상이 될 것이라 믿어 의심치 않는다.

작은 부자가 될 것인가,
큰 부자가 될 것인가

여기 두 명의 음식점 주인이 있다. 한 명은 돈을 벌기 위해, 다른 한 명은 손님들에게 맛있는 음식을 제공하기 위해 음식점을 열었다고 하자.

둘 다 똑같은 실력으로 신 메뉴를 개발하는 데 걸린 시간이 100시간이었고, 그 메뉴로 식당을 개업했다. 돈을 버는 것이 목적인 사람은 음식이 팔리는 것만 생각하고 이제까지 쏟아부은 재료비와 인테리어 비용, 직원들 월급 등에 신경을 쓴다. 그때부터는 '손님'을 걱정하는 것이 아니라 '자신'을 걱정하기 시작한다. 그러다 보니 메뉴를 생각하는 시간은 100시간에 머물러 있다. 실력도 더 이상의 발전이 없다.

반면 손님에게 맛있는 음식을 제공하고자 하는 사람은 똑같이 100시간을 연구해서 내놓은 신 메뉴를 고객이 얼마나 맛있게 먹는지 궁금해하고, 본인이 만든 음식에서 행복을 느낀다. 고객들의 반응을 살피며 음식을 좀 더 맛있게 만들기 위한 연구를 계속하므로 그가 메뉴를 생각하는 시간은 100시간보다 훨씬 더 많아진다.

그러면 100시간에 머물러 있는 사람과 100시간에서 더 연구를 한 사람은 실력이나 돈벌이에서 어떻게 달라질까?

당연히 손님의 행복을 위해서 식당을 하는 사람이 앞서게 되어 있다. 두말할 나위도 없다. 손님이 음식을 맛있게 먹는 모습을 보면 당연히 그 기분을 같이 느낄 수 있고, 그럼 '좀 더 맛있게 만들어야지' 하는 생각이 저절로 들게 마련이다. 맛있게 먹는 기분을 함께 느낄 수 있는 사람만이 진정한 행복을 맛볼 수 있다. 음식을 만들 때 내가 먼저 행복감을 느끼고, 손님이 행복하게 먹는 모습을 보면서 그 행복을 다시 한 번 확인하게 된다. 손님의 행복을 내 것으로 만들지 못하면 진정한 행복을 맛볼 기회는 갖기 어렵다.

나는 제품을 개발하고 만들 때부터 수많은 고객이 행복해할 것을 기대하며 충분한 행복감에 빠져서 일해왔다. 어쩌면 고객을 위하기보다 내가 행복을 더욱 크게 느끼기 위해 잠시도 쉬지 않고 노력해온 것인지도 모른다. 고객의 반응과 만족감을 상상하며 그 행복에 빠져보라. 그래야 자기가 하는 일이 더욱 즐거울 수 있다. 상상을 하면서 나 자신부터 행복에 빠뜨려라. 그리고 고객의 행복을 이루어주면 더욱더 행복해지는 것이다. 고객의 행복을 위한다고 하면서 일을 하는 동안 스스로 불행하고 고통을 받는다면 올바른 것이 아니다. 행복의 길로 갈 수가 없다.

안타깝게도 대부분의 사람들은 일을 하면서 행복의 묘미를 느끼지 못한다. 돈 버는 것을 목적으로 일을 하면서 고객의 행복을 상상하지 못하고, 그 행복을 맛보지 못하기 때문에 불행한 것이다. 고객을 돕는 일을 하면서 내가 먼저 행복을 느껴야 하는데 그 생각을 못하고 돈 벌 생각에만 빠져 있으니 그런 것이다. 과감히 행복의 늪에 빠져보라.

돈을 벌고자 일하는 사람의 돈은 죽은 것이고, 고객에게 도움이 되고자 일하는 사람의 돈은 살아있는 생물과 같다. 이 생물은 계속 성장한다. 또한 고객을 만족시킬 수 있는 능력도 매일매일 성장한다. 성장하는 만큼 내 행복도 커진다. 이것이야말로 행복한 삶이고 세상 사람들에게 존경을 받는 길이라 믿는다. 고객을 위해서, 고객을 돕기 위해서 일하라는 나의 말이 바로 그 뜻이다.

오로지 돈을 목적으로 일을 하는 사람은 자신의 행복을 위해 다른 사람을 불행하게 만들거나 다른 사람의 원망을 사기도 하고 다른 사람에게 모멸감을 주기도 한다. 하지만 기여를 목적으로 하는 사람은 다른 사람들의 행복한 모습을 보면서 스스로 행복을 느끼기 때문에 타인에게 불행과 원망, 그리고 실패나 좌절을 안기는 일이 없다.

타인에게 필요한 존재가 되기 위해 애쓰는 사람은, 첫 번째로는 나의 능력으로 인해 즐거워질 타인의 행복을 상상하면서 일하는 시간을 즐겁게 보내게 되고, 보람과 행복을 느끼며, 남을 돕기 위해 일한다는 자부심 또한 강하다. 그러므로 일하는 매 순간이 값지고 소중하다는 것을 훨씬 쉽게 느낀다.

두 번째로 나의 능력이 활용되고 그에 따라 일에 있어 경쟁력이 생기면 기여를 할 수 있는 능력치가 높아지고, 그러면 자연스럽게 돈에 접근할 수 있는 기회가 많아지면서 부와 명예라는 부산물까지 얻을 수 있다.

여기서 말하는 '능력' 그 자체가 바로 기여의 양과 질이다. 일의 본질은 남한테 쓰이는 것이고, 기여하는 결과물로서 부와 명예가 생기는 것이다. '우리 사회에서 꼭 필요한 부분을 알고 있고 해결할 수 있는 능력을 가지고 있는가?' 일을 하는 순간마다 스스로에게 꼭 물어보아야 할 질문이다.

마이클 르뵈프의 《절대 실패하지 않는 비즈니스의 비밀》이라는 책에 나오는 내용이다. 미국의 거대 식품기업 제너럴 밀스의 전 회장인 해리 불리스는 직원들에게 판매하는 일은 잊고 서비스를 제공하는 일에만 집중하라고 역설하며 이런 말을 남겼다. "'오늘 최대한 많이 팔겠다'라는 생각 대신 '가능한 한 많은 고객에게 도움을 주겠다'라는 생각으로 하루를 시작하면, 여러분은 고객에게 보다 쉽게 마음을 열고 다가가 더 많은 판매실적을 올릴 수 있습니다. 판매 현장에 나가 고객이 보다 행복하고 편안한 삶을 살 수 있게 도움을 주는 이가 바로 최고의 세일즈맨 정신을 실천하는 사람입니다."

부와 명예를 가지고 싶을수록 판매하는 행위 자체를 잊어버려야 한다. 나도 돈을 좇아갔더라면 더 많이 벌 기회는 충분히 있었다. 그렇지만 그 돈이 지속적일 수 있는가 하는 것은 또 다른 문제이고, 돈을 더 많이 벌 수 있었을지는 모르지만 지금의 행복은 맛볼 수 없었을 것이다. 나는 돈을 택한 게 아니라 남을 돕는 삶을 택해서 스스로가 행복한 삶을 만든 것이 너무나 다행스럽다. 이러한 깨달음이 없었더라면 나도 남들처럼 돈의 노예가 되어 살 수밖에 없었을 텐데, 지금 이렇게 많은 고객에게 도움을 주는 행복 속에 살고 있으니 참으로 다행이 아닐 수 없다.

당장은 돈이 벌리니 순간의 기회로서 돈은 그 방향이 맞을 수 있다. 하지만 돈이 목적이 된다면 그 돈은 계속 불어나지 않는다. 결국은 타인에게 도움이 되고 신뢰가 쌓여야 부가 지속될 수 있다. 순간의 이익을 좇는 것은 올바르게 사는 것과도 방향이 맞지 않는다.

그러니 우리는 모두 '어떻게 하면 타인에게 기여를 할 수 있을까?'라는 질문을 끊임없이 하고, 그 해답에 맞는 행동을 하며 살아야 한다. 그것만이 부와 행복을 동시에 거머쥐는 열쇠이기 때문이다. 돈만 좇으면 작은 부자는 될지언정 큰 부자는 절대 될 수 없다.

삶의 철학을
세워라

내성적인 사람도 있고 외향적인 사람도 있듯이, 주고 싶어 하는 사람이 있는가 하면 내 것을 챙기고 싶어 하는 사람들도 분명 있다. 하지만 어떤 사람이건 간에 결국 우리는 기여라는 큰 정서적 실천과 행동적 실천을 통해서 부와 명예를 얻을 수밖에 없다. 그러니 미처 몰랐던 본인의 성향을 잘 알아보고 나서, 주는 것이 좋은 사람들은 좀 더 일과 매칭을 시켜 그 능력을 극대화하고, 반대의 성향을 가진 사람들은 스스로 기여를 하는 삶이 존재한다는 점을 인지하는 것부터 시작하면 된다.

누구나 다 알고 편하게 갈 수 있는 길이 있다는 것을 나도 잘 알고 있다. 그 길을 가는 사람들보다 더 잘할 자신도 있다. 하지만 나는 그것이 올바르게 사는 방법이라고 생각하지 않는다. 많은 사람들이 쉽고 편하게 자기의 이익만을 취하려고 하다 보니 오히려 타인에게 해가 되어버리는 경우도 허다하다. 타인에게 도움이 되기는커녕 피해까지 입힌다면 이익이 생긴다 한들 무슨 소용이 있겠는가?

나는 남들이 다 가는 길로 가기보다는 힘들더라도 목적지까지 빨리 갈 수 있는 길을 내어 사람들에게 도움이 되고 싶었다. '한 시간씩 걸리는 길을 치워버리고 10분 만에 갈 수 있는 대로를 만들어 편하게 다닐 수 있도록 해줘야지.' 그런 생각으로 새로운 길을 만들기 위해 무거운 바위를 치우고 가시밭길을 다듬고 도로를 냈다. 그러는 동안 한 시간이면 족할 거리를 100시간이 넘게 걸려 도착하기도 했다. 고통스럽고 힘들었지만 많은 사람들이 편하게 다닐 수 있는 길을 만들겠다는 신념 하나로 도전을 멈추지 않았다.

사람들은 나에게 쉽게 살 수도 있는데 왜 어렵게 사느냐고 묻곤 한다. 그럼 나는 열 마디의 대답 대신 이런 질문을 던진다.

"당신은 무엇을 위해 사는가?"

이 세상에 태어난 이상 사회에 도움을 주고 가야 할 것 아닌가. 이런 생각을 실천하면서 수많은 사람에게 욕을 듣고 루머에 시달리면서 심리적으로 지치기도 했다. 그러다 보니 나는 '현실'과 타협하는 것이 아니라 '나의 고통'과 타협을 해야 했다. '필연적인 이 고통을 조금이나마 줄일 방법은 없을까?' 이 질문만이 내 타협의 유일한 조건이었다.

현재 나의 직함은 '월곡주얼리산업진흥재단 이사장'이다. 하지만 나는 직함이 아닌 내가 실천하고자 한 가치관 그 자체로 기억되고 싶다. 남을 위해 살면서 능력이 닿는 한 기여를 하기 위해 최선을 다한 사람으로 기억되고 싶다. 인간 이재호가 단지 재단을 만들고, 각종 단체에 기부를 하고, 프로모션을 하는 등의 행동들로만 기억되지 않길 바란다. 사실 그런 것은 나의 가치관이라는 큰 틀을 행동으로 옮기면서 생긴 작은 부산물일 뿐이다. 나는 내가 가졌던 모든 직함이나 행동들로 평가되면서 행여나 내가 가진 큰 뜻이 왜곡될까봐 가장 염려스럽다. 직함이 무엇이든 인간 이재호는 여전히 고객들에게 도움을 주는 사람이고, 타인을 위해서 살고자 끝없이 노력하는 사람일 뿐이다.

아울러 바라건대 나의 가치관이 누군가에게 작은 긍정적 변화라도 일으킨다면 그보다 행복한 일은 없을 것이다. "적당히 요령을 부리면서 사는 게 맞다고 생각했는데, 이재호라는 사람 덕분에 세상을 보는 새로운 눈이 생겼습니다"라든지, "많은 사람한테 도움을 줄 방법을 생각하고 실천하다 보니 보람 있는 인생을 살게 되었고, 결국 부와 명예까지 이뤄냈습니다."라는 인사 정도면 족하다. 이런 사람들이 하나둘 늘어나 궁극적으로 우리 사회가 좀 더 나은 방향으로 나아갔으면 하는 간절한 마음이다.

최근 업계에서 아주 유명한 분이 점심을 하자고 연락을 해왔다. 알고 지낸 지는 벌써 20여 년쯤 되는데, 그 시간에 비해서는 서로가 조금 어려워하는 사이다. 식사자리에서 만난 그는 내게 이런 말을 했다.

"회장님 덕분에 일할 때 많은 도움을 받고 있습니다. 월곡연구소에는 주얼리 사업을 하는 데 도움이 되는 자료들이 무궁무진합니다. 작은 외국 연구소에서 자료 하나 찾아보려 해도 100불에서 1,000불 정도 지불해야 하는데, 그 귀한 자료를 모두 무료로 제공하시다니 놀라울 따름입니다. 오래전부터 회장님께 이 고마움을 말로 꼭 전하고 싶었습니다."

그 말에 오히려 내가 더 고마웠다. 많은 투자를 하고 공을 들여 만든 자료를 아무도 활용해주지 않는다면 얼마나 안타까운 일인가. 다행히 월곡연구소 홈페이지에 회원으로 등록된 사람이 6000명 정도 되며, 하루에도 수백 명씩 접속해 이용하고 있다.

"도움이 되고자 시작한 일인데, 직접적으로 이런 이야기를 들으니 내가 더 고맙습니다."

다른 사람도 아닌 업계에 계신 분의 인사를 들으니 감회가 남달랐다. 지금까지 해온 기여를 인정받는 것 같았고, 노력에 헛됨이 없다는 점을 새삼 깨닫게 되었다. 우리는 서로 뜻 깊은 인사를 나누며 헤어졌다.

모든 사람이 부와 명예를 쟁취하고 싶어 한다. 그래서 엄청난 교육을 받고 관련된 지식을 쌓으며 대단한 기술들로 무장을 한다. 하지만 그런 테크닉적인 측면에 집중하기 전에 근본적인 질문을 먼저 스스로에게 던져보길 바란다.

'내 삶을 이끄는 철학이 있는가?'

'나는 그 철학을 위해 내 능력을 쓸 준비가 되어 있는가?'

타인에게 도움이 될 만큼의 재능이 없음에도 불구하고 많은 돈이 생겼다면 마냥 즐거워해서는 곤란하다. 타인에게 도움이 되는 것과 무관했다면 오히려 그 일에서 비롯된 부와 명예를 부끄러워할 줄 알아야 한다. 부와 명예란 결국 타인에게 도움이 된 만큼의 물질적인 보답이기 때문이다.

살다 보면 '안 된다'는 말을 쉽게 하게 된다. 포기하고 싶은 순간도 여러 번 맞닥뜨리게 된다. 성실하게 사는 것이 미련하게 느껴질 때도 있다. 하지만 삶의 매 순간 관객들이 지켜보고 있다는 생각으로 정직함을 잃지 말고 끝까지 나아가길 바란다. 그리고 어떠한 위치에서건 그 누구에게든 도움이 될 수 있도록 삶을 가꿔 나가기를 진심으로 바란다. 그러다 보면 어느새 돈과 행복을 모두 거머쥔 자신을 발견하게 될 것이다. 내가 직접 경험한 것이므로, 이것은 틀림없는 진리다.

에필로그

이탈리아에서 돌아올 때의 일이다. 나는 맨 처음 가려고 했던 일본에 꼭 들러서 시장조사를 해보고 싶었다. 그 당시 일본은 다방면에서 우리나라에 많은 영향을 미치고 있었고, 카탈로그 속의 화려한 제품들을 직접 보고 공부해야겠다는 욕심이 생겼던 것이다.

한국으로 돌아갈 때도 마찬가지로 몇 번씩 경유를 했는데, 나는 '어떻게든 방법이 있겠지' 하면서 비자도 없이 무작정 일본에 내려버렸다. 그러고는 무턱대고 출입국관리대로 들어갔다. 비자도 없이 말도 통하지 않는 외국인이 출입국관리대에 그냥 서 있으니 그곳 직원들은 황당한 표정으로 나를 보았다.

그들은 나에게 어디로 가려고 하는지, 아는 사람은 있는지, 어디서 머무를 것인지를 꼬치꼬치 캐물었다. 긴장된 분위기 속에서 6개월간 배웠던 일본말은 하나도 생각나지 않았고, 손짓 발짓으로 귀금속 상가가 많은 곳을 가보기 위해 왔다고 말했지만 알아들을 리 없었다.

직원들은 다른 승객들이 입국 수속을 마칠 때까지 나를 한쪽 구석에 대기시켜놓았다. 두 시간쯤 지났을까? 한국말을 할 줄 아는 직원이 와서야 나의 입국 목적을 이해하고 여권에 도장을 찍어주었다.

그렇게 즉흥적으로 내린 일본에서 나는 보석 상가들을 다니며 시장조사를 했고, 카탈로그를 잔뜩 챙겨서 한국으로 돌아왔다. 나중에 안 사실이지만, 당시 나는 일본을 경유하는 항공권을 가지고 있었기 때문에 일정 기간은 비자 없이 통과 승객으로 일본에서 체류가 가능했다. 하지만 그때는 그런 사실을 알 턱이 없었다.

고객에게 좀 더 좋은 제품을 선물하기 위한 마음이었다고는 하지만, 돌이켜보면 무모한 행동이었다. 그러나 나는 고주파로, 집진기, 롤러 등 많은 기계를 개발하면서 그보다 더한 무모한 도전도 많이 했다.

그때는 단지 생산원가를 낮추고, 좀 더 질 높은 제품을 만들려고 하다 보니 꼭 필요한 기계라는 생각이 들어서 직접 개발한 것이었다. 이 모든 기계들을 적어도 내가 아는 세상에서는 내가 처음 개발했다. 하지만 해외 선진국에 이미 개발되어 존재하고 있지 않았을까? 해외 제품을 사왔더라면 더 쉽게 해결할 수 있었을 것이고, 대기업에서는 벌써 수입해서 사용하고 있었을지도 모른다.

이탈리아도 그렇게 어렵게 갈 것이 아니라, 대기업에 위장취업하거나 다른 사람한테 부탁했으면 충분히 쉽게 갈 수 있었다. 일본에서의 어이없는 일도 없었을 것이다.

그러나 나는 한 평 남짓한 시계방과 작은 금방에서 바라보는 바깥풍경이 내가 아는 세상의 전부였다. 초등학교 중퇴의 무학에다가 내 주변 환경도 무언가를 배우기에는 턱없이 열악했다. 그러니 모르는 것은 임시방편으로 배워야 했고, 필요한 것은 만들어내면서 지금껏 살아왔다. 너무나 무지하여 내가 모르는 것은 다 없는 것이라고 생각했고, 세상에 없는 것을 찾아다니는 것보다 실패를 거듭하더라도 직접 만들어내는 쪽을 택했다. 이 세상이 누군가에게는 많은 것을 배우고 느낄 수 있는 너그러운 곳이었는지 몰라도, 나에게는 살아가면서 필요한 것은 찾고 구하고 만들어야만 했던, 그저 어렵기만 한 곳이었다.

그러다 보니 조금 더 편한 세상이 펼쳐져서 내 뒤의 사람들은 내가 겪은 어려움을 경험하지 않길 바랐다. 그래서 세상에 없는 길을 만들게 되었고, 그러면서도 힘들다는 생각보다는 사람들에게 도움이 되는 것만을 생각했다. 당연히 편법이나 꼼수를 부리지 않는 것이 옳다고 생각했고, 느리게 가더라도 바르게 가

에필로그

는 길을 택했으며, 옳지 않은 방법은 내 머릿속에 없었다.

지금 이 순간에도 세상이 어렵기만 하고 실패로 인해 힘겨워하는 사람들이 분명 있을 것이다. 타인에게 더 많은 도움을 주고자 하는 경쟁에서도 승리한 사람이 있으면 실패를 맛보는 사람도 생기게 마련이다. 이들은 어렵게 주어진 기회를 살리지 못하고 내재되어 있는 진정한 가치를 보여주지 못했을지도 모른다.

그러나 삶은 어느 시대나 누구에게나 쉬웠던 적이 없다. 또한 조건을 완벽하게 갖춘 채로 우리에게 오지도 않는다. 나는 그들이 시대를 탓하고 좌절하기 전에 "내 인생에 단지 이번 한 번 실패했을 뿐이야"라고 생각했으면 한다. 실패는 그 자체로 '실패한 인생'을 규정짓는 것은 아니다. 누구보다 많은 실패를 해보았지만 현재의 내 모습이 '실패자'는 아니듯이 말이다.

하버드 엘리트들의 성공 노하우를 담은 책《어떻게 인생을 살 것인가》에는 이런 내용이 나온다. "위대한 인생은 우리의 상상에서부터 시작된다. 자신을 실패자라고 생각하면 자꾸만 실패하게 되지만, 자신을 성공자라고 생각하면 끝없는 성공을 불러오게 된다. 위대한 인생은 우리의 상상에서부터 시작된다. 어떠한 사람이 될 것인지 정하고 구체적으로 자기 암시를 하면 상상을 현실화할 의지 또는 동기가 생겨나 내가 하고자 하는 일을 할 수 있고, 또 내가 바라는 사람이 될 수 있다."

긍정적인 상상은 자기 암시로의 특별한 능력을 갖게 해주며,

이룰 수 없는 것조차도 가능하게 만드는 무한의 잠재의식을 끌어낼 수 있다.

'나' 이외의 것을 생각하고 '남'이 주체가 된다는 것을 생각하기 어렵다고 말하는 사람들을 많이 만난다. 하지만 남에게 도움이 되라는 것은 대가 없는 봉사를 하라는 것이 아니라, 돈을 우선적으로 생각하지 말라는 뜻이다. 타인의 행복을 위해 일을 하게 되면 돈을 목적으로 했을 때보다 훨씬 더 많은 부를 쌓고, 더욱 값진 결과를 만나게 된다.

사람들이 바라는 돈과 명예는 바로 우리 주변에 있다. 단지 보려고 하지 않을 뿐이다. 아이들이 소풍을 가서 보물찾기를 하면 바로 옆에 있는 보물을 못 찾아서 울곤 한다. 마찬가지로 대부분의 사람들 역시 성공의 열쇠가 발밑에 있다는 사실을 알지 못하고 먼 풀숲만 바라보는 것이 나로서는 안타깝다.

부산에서 시계점을 하던 시절, 가게 앞에 할머니가 운영하는 음식점이 있었다. 갈 때마다 할머니는 낙지볶음밥에 잔새우를 잔뜩 얹어서 주셨고, 미역도 마음껏 먹을 수 있게 내주셨다. 맛도 좋은 데다 손님들이 원하는 대로 다 내주니 입소문이 나기 시작해서, 처음에 네댓 명이 앉으면 꽉 찰 정도였던 식당이 나중에는 건물을 통째로 사용할 만큼 일대 명소가 되었다.

할머니의 성공 비결은 재료나 손맛, 요리방법에도 있었겠지만, 무엇보다 손님들이 어떤 요구를 해도 망설임 없이 들어주셨던 마음 씀씀이에 있었다. 그러다가 손해나면 어쩌냐고 물어본 적이 있는데, 할머니는 그게 몇 푼이나 되겠냐며 손님들이 맛있게 먹으면 그만이라고 하셨다.

돈벌이에 급급한 사람이라면 그렇게 마구 퍼줄 수 있었을까? 이것저것 달라고 말하는 손님을 쳐다보는 눈빛부터 달랐을 것이다. 새우 값과 미역 값을 일일이 따져서 함부로 먹지 말라고 하든지, 한숨을 쉬며 마지못해 주는 등 손님들이 다시 찾아올 생각을 못하게 했을 것이다.

할머니가 고객 만족 경영이나 마케팅에 대해 알았을 리 없다. 할머니는 오로지 어떻게 하면 손님들이 맛있게 배불리 먹을 수 있는가만 생각했고, 그 마음이 손님들에게 그대로 전해져 입소문을 타고 유명해진 것이다. 손님들에게 그만큼 도움이 되었기 때문에 커다란 대가를 얻은 것이다. 흔히들 "남을 왜 생각해? 난 그저 돈을 벌고 싶을 뿐이야"라고 생각하지만, 할머니처럼 '도움이 되는 삶'을 우선적으로 생각해야 반드시 대가를 얻게 된다. 선기여, 후대가先寄與, 後對價인 것이다.

반지에 알을 물리는 직원을 뽑기 위해 면접을 본 적이 있다. 얼마나 물릴 수 있는지 물어보았더니 100개에서 200개 사이라고 대답했다. 그 친구가 입사한 뒤 작업하는 것을 확인해보니 130개 내외로 하고 있었다. 나는 일정 수준 이상이 되는 사람들은 하루에 300개 이상 물릴 수 있다는 이야기를 듣고 월급제를 고집할 이유가 없다고 생각했다. 그래서 그 직원에게 작업 개수 대비 급여를 책정하자고 했다. 그러자 다음 날부터 알을 물리는 개수가 300개를 넘는 것이 아닌가.

아마 그 직원은 월급 주는 만큼만 일하겠다는 생각이었을 것이다. 300개 이상 작업을 할 수 있는 사람이 100여 개밖에 하지 않으면서 스스로의 능력을 쓰지 않았던 것이다. 직장을 다니는 대부분의 사람들이 이와 비슷한 마음가짐으로 일하지 않을까 싶다. 이처럼 우리 주변에는 자신의 능력을 월급에 맞춰 스스로 봉인하고 있는 사람들이 너무나도 많다.

그럼 이것이 어떤 결과를 낳을까?

300개를 할 수 있는 능력이 있지만 하루에 100여 개씩만 작업함으로써 그 능력은 자신도 모르게 줄어들 수밖에 없다. 회사를 다니며 주인의식을 가지라는 등의 거창한 말을 하는 게 아니다. 월급이라는 틀에 갇혀서 스스로 성장하고 발전할 기회를 놓쳐서는 안 된다는 것이다. 매일 300개씩 내가 도움이 된다는 생각으로 작업하다 보면 그 능력은 확연히 발전할 수밖에 없고, 그런 사람을 회사가 몰라줄 리 없다.

나는 평소 무대에 올라선 배우라고 생각하고 일을 해왔다. 객석은 어둠 속에 묻혀 있으니 나를 보는 관객은 수백 명이 될 수도 있고 고작 몇 명이 될 수도 있다. 하지만 관객이 아무리 적어도 공연은 만석일 때와 마찬가지로 진행되듯, 우리도 수많은 고객이 보고 있다고 생각하면서 일을 해야 한다. 고객이 떳떳하고 정직한 나에게 환호하며 박수를 보내고 있다는 생각으로 일을 하면 일하는 매 순간 신이 나고 행복할 수 있다. 그렇게 삶이라는 하나의 긴 공연에서 가장 신뢰받을 수 있는 배우가 되어야만 한다. 나는 24시간 고객이 옆에서 보고 있다고 생각했고, 그런 만큼 투명한 생각과 행동으로 옳은 결정을 할 수 있었다.

물론 고통스러운 적이 왜 없었겠는가. 행복하다는 것은 고통이 없는 상태가 지속된다는 뜻은 아니다. 그러나 일을 하는 동안 느끼는 고통은 마지막에 기다리고 있는 행복감에 비하면 아무것도 아니었다. 엄마가 출산을 하면서 겪는 고통 뒤에는 그 무엇과도 바꿀 수 없는 아기의 아름다운 미소가 기다리듯 말이다.

커뮤니케이션 전문가이자 세인트존 그룹의 회장인 리처드 세인트 존은 성공한 사람들 500여 명을 만나 인터뷰한 내용을 책으로 엮었다. 그의 책《돈 없고 빽 없고 운이 나빠도 리치!》에서 그는 성공 비결에 대해 다음과 같이 말했다. "사업을 하는 사람은 고객을 돕고, 작가라면 독자를 돕고, 연예인이라면 팬을 돕고, 프로운동선수라면 관중을 돕고, 조종사라면 승객을, 의사라면 환자를, 선생님이라면 학생을 도와야 한다. 무슨 일을 하든 '나는 누구를 돕는가'라는 질문을 해야 한다."

보통 우리는 인생에서 끝내 가져야 할 것으로 돈과 권력과 명예만을 생각하고, 이런 것들을 가진 상태를 성공이라고 표현하며, 그곳에 다다르면 행복도 가질 수 있을 것이라고 기대한다. 그러나 바다를 향하는 강물은 자신이 바다가 되고자 함이 아니다. 계곡을 따라 산기슭을 지나 자연스럽게 바닷물이 되듯 우리도 그저 도움이 되는 일을 향해 나아갈 뿐이다.

나의 최선이 항상 옳은 것은 아니었다. 그러나 나는 바르게 살고자 노력했고 결국 내가 정의하는 성공을 이루어냈다. 여러분도 다른 사람들이 성공이라 부르는 것을 좇지 말고, 본인 스스로가 정의하는 성공을 이루길 진심으로 바란다. 여러분이 하는 일이 타인에게 만족을 주고 있다면 분명 미래에 크나큰 행복이 기다리고 있을 것이다.

에필로그

필연적 부자

2018년 7월 18일 초판 4쇄 발행

지은이·이재호
펴낸이·김상현, 최세현
편집인·정법안
책임편집·송은심 | 디자인·고영선

마케팅·김명래, 권금숙, 심규완, 양봉호, 임지윤, 최의범, 조히라
경영지원·김현우, 강신우 | 해외기획·우정민
펴낸곳·㈜쌤앤파커스 | 출판신고·2006년 9월 25일 제406-2006-000210호
주소·경기도 파주시 회동길 174 파주출판도시
전화·031-960-4800 | 팩스·031-960-4806 | 이메일·info@smpk.kr

ⓒ 이재호(저작권자와 맺은 특약에 따라 검인을 생략합니다)
ISBN 978-89-6570-666-3 (03320)

쌤앤파커스(Sam&Parkers)는 독자 여러분의 책에 관한 아이디어와 원고 투고를 설레는 마음으로 기다리고 있습니다. 책으로 엮기를 원하는 아이디어가 있으신 분은 이메일 book@smpk.kr로 간단한 개요와 취지, 연락처 등을 보내주세요. 머뭇거리지 말고 문을 두드리세요. 길이 열립니다.